Made in the USA
Middletown, DE
04 September 2016

Reuven LEVINSON

אם אין לך עוד צורך או שימוש
בכרך זה,
אנא החזר אותו אל:

IF THIS VOLUME IS NO LONGER NEEDED BY THE READER TO WHOM IT WAS ORIGINALLY SENT PLEASE RETURN IT TO:

THE JEWISH HERITAGE FOR THE BLIND
1655 EAST 24th Street
Brooklyn, NY 11229
718-338-4999

אין צורך בדמי דואר
נא לכתוב על החבילה:

NO POSTAGE NECESSARY.
SIMPLY MARK THE PACKAGE:

"FREE MATTER FOR THE BLIND"

The Jewish Heritage for the Blind produces many braille and large print publications. We are constantly expanding our library of publications available free of charge for the blind and visually impaired.

Please consider dedicating a project in honor, or in everlasting memory of a loved one.

For a list of publications about to be published with available dedications, please contact our office...

מחזור הגדול לראש השנה

באותיות גדולות מאירות עינים
אשכנז

THE MACHZOR HAGODOL
Rosh Hashanah
IN EXTRA LARGE PRINT
Volume II חלק ב׳

Designed to meet the needs of the visually impaired by:

1655 East 24th Street
Brooklyn, NY 11229
718-338-4999 Fax 718-338-0653
www.JHBinternational.org

1655 East 24th Street
Brooklyn, NY 11229
718-338-4999 Fax 718-338-0653
www.JHBinternational.org

Distributed by:

Table of Contents Volume II / תוכן הענינים חלק ב׳

DRAFT

THIS PUBLICATION HAS NOT YET BEEN PUBLISHED.

THIS IS A DEVELOPMENTAL COPY WHICH MAY CONTAIN ERRORS.

DEDICATION OPPORTUNITIES INCLUDING EDITION NAME

MAY STILL BE AVAILABLE!

סדר תקיעת שופר

לפני תקיעת שופר אומרים מזמור זה ז׳ פעמים:

לַמְנַצֵּחַ לִבְנֵי קֹרַח מִזְמוֹר: כָּל הָעַמִּים תִּקְעוּ כָף, הָרִיעוּ לֵאלֹהִים בְּקוֹל רִנָּה: כִּי יְהוָה עֶלְיוֹן נוֹרָא, מֶלֶךְ גָּדוֹל עַל כָּל הָאָרֶץ: יַדְבֵּר עַמִּים תַּחְתֵּינוּ, וּלְאֻמִּים תַּחַת רַגְלֵינוּ: יִבְחַר לָנוּ אֶת נַחֲלָתֵנוּ, אֶת גְּאוֹן יַעֲקֹב אֲשֶׁר אָהֵב סֶלָה: עָלָה אֱלֹהִים בִּתְרוּעָה, יְהוָה בְּקוֹל שׁוֹפָר: זַמְּרוּ אֱלֹהִים, זַמֵּרוּ, זַמְּרוּ לְמַלְכֵּנוּ, זַמֵּרוּ: כִּי מֶלֶךְ כָּל הָאָרֶץ אֱלֹהִים, זַמְּרוּ מַשְׂכִּיל: מָלַךְ אֱלֹהִים עַל גּוֹיִם, אֱלֹהִים יָשַׁב עַל כִּסֵּא קָדְשׁוֹ: נְדִיבֵי עַמִּים נֶאֱסָפוּ, עַם אֱלֹהֵי אַבְרָהָם, כִּי לֵאלֹהִים מָגִנֵּי אֶרֶץ, מְאֹד נַעֲלָה:

מִן הַמֵּצַר קָרָאתִי יָּהּ, עָנָנִי בַמֶּרְחָב יָהּ:

קוֹלִי שָׁמָעְתָּ, אַל תַּעְלֵם אָזְנְךָ לְרַוְחָתִי לְשַׁוְעָתִי:

רֹאשׁ דְּבָרְךָ אֱמֶת, וּלְעוֹלָם כָּל מִשְׁפַּט צִדְקֶךָ:

עֲרֹב עַבְדְּךָ לְטוֹב, אַל יַעַשְׁקֻנִי זֵדִים:

שָׂשׂ אָנֹכִי עַל אִמְרָתֶךָ, כְּמוֹצֵא שָׁלָל רָב:

טוּב טַעַם וָדַעַת לַמְּדֵנִי, כִּי בְמִצְוֹתֶיךָ הֶאֱמָנְתִּי:

נִדְבוֹת פִּי רְצֵה נָא יְיָ, וּמִשְׁפָּטֶיךָ לַמְּדֵנִי:

בָּרוּךְ אַתָּה יְיָ, אֱלֹהֵינוּ מֶלֶךְ הָעוֹלָם, אֲשֶׁר קִדְּשָׁנוּ בְּמִצְוֹתָיו, וְצִוָּנוּ לִשְׁמוֹעַ קוֹל שׁוֹפָר:

בָּרוּךְ אַתָּה יְיָ, אֱלֹהֵינוּ מֶלֶךְ הָעוֹלָם, שֶׁהֶחֱיָנוּ וְקִיְּמָנוּ וְהִגִּיעָנוּ לַזְּמַן הַזֶּה:

תקיעה שברים תרועה תקיעה
תקיעה שברים תרועה תקיעה
תקיעה שברים תרועה תקיעה

יְהִי רָצוֹן מִלְּפָנֶיךָ, שֶׁתְּקִיעַת תשר"ת שֶׁאֲנַחְנוּ תוֹקְעִין, תְּהֵא מְרוּקֶּמֶת בִּירִיעָה, עַל יְדֵי הַמְּמוּנֶּה (טרטיאל), כְּשֵׁם שֶׁקִּבַּלְתָּ

עַל יְדֵי אֵלִיָּהוּ ז"ל וִישׁוּעַ שַׂר הַפָּנִים, וְשַׂר (מט"ט), וְתִמַּלֵּא עָלֵינוּ בְּרַחֲמִים. בָּרוּךְ אַתָּה, בַּעַל הָרַחֲמִים:

תקיעה שברים תקיעה

תקיעה שברים תקיעה

תקיעה שברים תקיעה

יְהִי רָצוֹן מִלְּפָנֶיךָ, שֶׁתְּקִיעַת תש"ת שֶׁאֲנַחְנוּ תוֹקְעִין, שֶׁתַּעֲשֶׂה עֲטָרָה מִמֶּנָּה, לִהְיוֹת עוֹלָה וְיוֹשֵׁב בְּרֹאשׁ אֱלֹהֵי הַצְּבָאוֹת, וְיַעֲשֶׂה עִמָּנוּ אוֹת לְטוֹבָה, וְתִמַּלֵּא עָלֵינוּ בְּרַחֲמִים. בָּרוּךְ אַתָּה, בַּעַל הָרַחֲמִים:

תקיעה תרועה תקיעה

תקיעה תרועה תקיעה

תקיעה תרועה תקיעה גדולה

וּבְכֵן יְהִי רָצוֹן מִלְּפָנֶיךָ, יְיָ אֱלֹהֵינוּ וֵאלֹהֵי אֲבוֹתֵינוּ, שֶׁיַּעֲלוּ אֵלּוּ הַמַּלְאָכִים, הַיּוֹצְאִים מִן הַשּׁוֹפָר וּמִן הַתְּקִיעָה, וּמִן הַשְּׁבָרִים, וּמִן הַתְּרוּעָה, וּמִן תשר״ת וּמִן תש״ת, וּמִן תר״ת, לִפְנֵי כִּסֵּא כְבוֹדֶךָ, וְיַמְלִיצוּ טוֹב בַּעֲדֵנוּ, לְכַפֵּר עַל כָּל חַטֹּאתֵינוּ:

חר״ק: אַשְׁרֵי הָעָם יֹדְעֵי תְרוּעָה, יְיָ בְּאוֹר פָּנֶיךָ יְהַלֵּכוּן:
בְּשִׁמְךָ יְגִילוּן כָּל הַיּוֹם, וּבְצִדְקָתְךָ יָרוּמוּ:
כִּי תִפְאֶרֶת עֻזָּמוֹ אָתָּה, וּבִרְצוֹנְךָ תָּרוּם קַרְנֵנוּ:

אַשְׁרֵי יוֹשְׁבֵי בֵיתֶךָ, עוֹד יְהַלְלוּךָ
סֶּלָה: אַשְׁרֵי הָעָם שֶׁכָּכָה לּוֹ, אַשְׁרֵי
הָעָם שֶׁיְיָ אֱלֹהָיו: תְּהִלָּה לְדָוִד,
אֲרוֹמִמְךָ אֱלוֹהַי הַמֶּלֶךְ, וַאֲבָרְכָה
שִׁמְךָ לְעוֹלָם וָעֶד: בְּכָל יוֹם אֲבָרְכֶךָּ,
וַאֲהַלְלָה שִׁמְךָ לְעוֹלָם וָעֶד: גָּדוֹל יְיָ
וּמְהֻלָּל מְאֹד, וְלִגְדֻלָּתוֹ אֵין חֵקֶר:
דּוֹר לְדוֹר יְשַׁבַּח מַעֲשֶׂיךָ, וּגְבוּרֹתֶיךָ
יַגִּידוּ: הֲדַר כְּבוֹד הוֹדֶךָ, וְדִבְרֵי
נִפְלְאוֹתֶיךָ אָשִׂיחָה: וֶעֱזוּז נוֹרְאוֹתֶיךָ
יֹאמֵרוּ וּגְדֻלָּתְךָ אֲסַפְּרֶנָּה: זֵכֶר רַב
טוּבְךָ יַבִּיעוּ, וְצִדְקָתְךָ יְרַנֵּנוּ: חַנּוּן
וְרַחוּם יְיָ, אֶרֶךְ אַפַּיִם וּגְדָל חָסֶד:

טוֹב יְיָ לַכֹּל, וְרַחֲמָיו עַל כָּל מַעֲשָׂיו: יוֹדוּךָ יְיָ כָּל מַעֲשֶׂיךָ, וַחֲסִידֶיךָ יְבָרְכוּכָה: כְּבוֹד מַלְכוּתְךָ יֹאמֵרוּ, וּגְבוּרָתְךָ יְדַבֵּרוּ: לְהוֹדִיעַ לִבְנֵי הָאָדָם גְּבוּרֹתָיו, וּכְבוֹד הֲדַר מַלְכוּתוֹ: מַלְכוּתְךָ מַלְכוּת כָּל עוֹלָמִים, וּמֶמְשַׁלְתְּךָ בְּכָל דּוֹר וָדֹר: סוֹמֵךְ יְיָ לְכָל הַנֹּפְלִים, וְזוֹקֵף לְכָל הַכְּפוּפִים: עֵינֵי כֹל אֵלֶיךָ יְשַׂבֵּרוּ, וְאַתָּה נוֹתֵן לָהֶם אֶת אָכְלָם בְּעִתּוֹ: פּוֹתֵחַ אֶת יָדֶךָ, וּמַשְׂבִּיעַ לְכָל חַי רָצוֹן: צַדִּיק יְיָ בְּכָל דְּרָכָיו, וְחָסִיד בְּכָל מַעֲשָׂיו: קָרוֹב יְיָ לְכָל קֹרְאָיו, לְכֹל אֲשֶׁר יִקְרָאֻהוּ בֶאֱמֶת: רְצוֹן

יְרֵאָיו יַעֲשֶׂה, וְאֶת שַׁוְעָתָם יִשְׁמַע
וְיוֹשִׁיעֵם: שׁוֹמֵר יְיָ אֶת כָּל אֹהֲבָיו,
וְאֵת כָּל הָרְשָׁעִים יַשְׁמִיד: תְּהִלַּת יְיָ
יְדַבֶּר פִּי, וִיבָרֵךְ כָּל בָּשָׂר שֵׁם קָדְשׁוֹ,
לְעוֹלָם וָעֶד: וַאֲנַחְנוּ נְבָרֵךְ יָהּ,
מֵעַתָּה וְעַד עוֹלָם, הַלְלוּיָהּ:

סדר הכנסת ספר תורה

יְהַלְלוּ אֶת שֵׁם יְיָ, כִּי נִשְׂגָּב
שְׁמוֹ לְבַדּוֹ:

הוֹדוֹ עַל אֶרֶץ וְשָׁמָיִם. וַיָּרֶם קֶרֶן
לְעַמּוֹ, תְּהִלָּה לְכָל חֲסִידָיו, לִבְנֵי
יִשְׂרָאֵל עַם קְרֹבוֹ, הַלְלוּיָהּ:

כשחל בחול:

לְדָוִד מִזְמוֹר, לַיְיָ הָאָרֶץ וּמְלוֹאָהּ, תֵּבֵל וְיֹשְׁבֵי בָהּ: כִּי הוּא עַל יַמִּים יְסָדָהּ, וְעַל נְהָרוֹת יְכוֹנְנֶהָ: מִי יַעֲלֶה בְהַר יְיָ, וּמִי יָקוּם בִּמְקוֹם קָדְשׁוֹ: נְקִי כַפַּיִם וּבַר לֵבָב, אֲשֶׁר לֹא נָשָׂא לַשָּׁוְא נַפְשִׁי, וְלֹא נִשְׁבַּע לְמִרְמָה: יִשָּׂא בְרָכָה מֵאֵת יְיָ, וּצְדָקָה מֵאֱלֹהֵי יִשְׁעוֹ: זֶה דּוֹר דֹּרְשָׁיו, מְבַקְשֵׁי פָנֶיךָ יַעֲקֹב, סֶלָה: שְׂאוּ שְׁעָרִים רָאשֵׁיכֶם, וְהִנָּשְׂאוּ פִּתְחֵי עוֹלָם, וְיָבוֹא מֶלֶךְ הַכָּבוֹד: מִי זֶה מֶלֶךְ הַכָּבוֹד, יְיָ עִזּוּז וְגִבּוֹר, יְיָ גִּבּוֹר מִלְחָמָה: שְׂאוּ שְׁעָרִים רָאשֵׁיכֶם, וּשְׂאוּ פִּתְחֵי עוֹלָם, וְיָבוֹא

מֶלֶךְ הַכָּבוֹד: מִי הוּא זֶה מֶלֶךְ הַכָּבוֹד, יְיָ צְבָאוֹת, הוּא מֶלֶךְ הַכָּבוֹד סֶלָה:

בשבת:

מִזְמוֹר לְדָוִד, הָבוּ לַייָ בְּנֵי אֵלִים, הָבוּ לַייָ כָּבוֹד וָעֹז: הָבוּ לַייָ כְּבוֹד שְׁמוֹ, הִשְׁתַּחֲווּ לַייָ בְּהַדְרַת קֹדֶשׁ: קוֹל יְיָ עַל הַמָּיִם, אֵל הַכָּבוֹד הִרְעִים, יְיָ עַל מַיִם רַבִּים: קוֹל יְיָ בַּכֹּחַ, קוֹל יְיָ בֶּהָדָר: קוֹל יְיָ שֹׁבֵר אֲרָזִים, וַיְשַׁבֵּר יְיָ אֶת אַרְזֵי הַלְּבָנוֹן: וַיַּרְקִידֵם כְּמוֹ עֵגֶל, לְבָנוֹן וְשִׂרְיוֹן כְּמוֹ בֶן רְאֵמִים: קוֹל יְיָ חֹצֵב לַהֲבוֹת אֵשׁ: קוֹל יְיָ יָחִיל מִדְבָּר, יָחִיל יְיָ מִדְבַּר קָדֵשׁ: קוֹל יְיָ יְחוֹלֵל אַיָּלוֹת,

וַיֶּחֱשֹׂף יְעָרוֹת, וּבְהֵיכָלוֹ, כֻּלּוֹ אֹמֵר כָּבוֹד: יְיָ לַמַּבּוּל יָשָׁב, וַיֵּשֶׁב יְיָ מֶלֶךְ לְעוֹלָם: יְיָ עֹז לְעַמּוֹ יִתֵּן, יְיָ יְבָרֵךְ אֶת עַמּוֹ בַשָּׁלוֹם:

וּבְנֻחֹה יֹאמַר, שׁוּבָה יְיָ רִבְבוֹת אַלְפֵי יִשְׂרָאֵל: קוּמָה יְיָ לִמְנוּחָתֶךָ, אַתָּה וַאֲרוֹן עֻזֶּךָ: כֹּהֲנֶיךָ יִלְבְּשׁוּ צֶדֶק וַחֲסִידֶיךָ יְרַנֵּנוּ: בַּעֲבוּר דָּוִד עַבְדֶּךָ, אַל תָּשֵׁב פְּנֵי מְשִׁיחֶךָ: כִּי לֶקַח טוֹב נָתַתִּי לָכֶם, תּוֹרָתִי אַל תַּעֲזֹבוּ: עֵץ חַיִּים הִיא לַמַּחֲזִיקִים בָּהּ, וְתֹמְכֶיהָ מְאֻשָּׁר: דְּרָכֶיהָ דַרְכֵי נֹעַם, וְכָל נְתִיבוֹתֶיהָ שָׁלוֹם: הֲשִׁיבֵנוּ יְיָ, אֵלֶיךָ וְנָשׁוּבָה, חַדֵּשׁ יָמֵינוּ כְּקֶדֶם:

תפלה לשליח צבור קודם מוסף

הִנְנִי הֶעָנִי מִמַּעַשׂ, נִרְעָשׁ וְנִפְחָד מִפַּחַד יוֹשֵׁב תְּהִלּוֹת יִשְׂרָאֵל, בָּאתִי לַעֲמֹד וּלְהִתְחַנֵּן לְפָנֶיךָ עַל עַמְּךָ יִשְׂרָאֵל אֲשֶׁר שְׁלָחוּנִי, וְאַף עַל פִּי שֶׁאֵינִי כְדַאי וְהָגוּן לְכָךְ. לָכֵן אֲבַקֵּשׁ מִמְּךָ, אֱלֹהֵי אַבְרָהָם, אֱלֹהֵי יִצְחָק, וֵאלֹהֵי יַעֲקֹב, יְיָ יְיָ, אֵל רַחוּם וְחַנּוּן, אֱלֹהֵי יִשְׂרָאֵל, שַׁדַּי אָיוֹם וְנוֹרָא, הֱיֵה נָא מַצְלִיחַ דַּרְכִּי אֲשֶׁר אָנֹכִי הוֹלֵךְ, לַעֲמֹד לְבַקֵּשׁ רַחֲמִים עָלַי וְעַל שׁוֹלְחַי. וְנָא אַל תַּפְשִׁיעֵם בְּחַטֹּאתַי, וְאַל תְּחַיְּבֵם בַּעֲוֹנוֹתַי, כִּי חוֹטֵא וּפוֹשֵׁעַ אָנִי. וְאַל יִכָּלְמוּ בִּפְשָׁעַי, וְאַל יֵבוֹשׁוּ בִּי, וְאַל אֵבוֹשׁ בָּם. וְקַבֵּל תְּפִלָּתִי כִּתְפִלַּת זָקֵן וְרָגִיל, וּפִרְקוֹ נָאֶה, וּזְקָנוֹ מְגֻדָּל, וְקוֹלוֹ נָעִים, וּמְעֹרָב בְּדַעַת עִם הַבְּרִיּוֹת. וְתִגְעַר בְּשָׂטָן לְבַל יַשְׂטִינֵנִי, וִיהִי

נָא דִּלּוּגֵנוּ עָלֶיךָ אַהֲבָה, וּפְשָׁעֵינוּ תְּכַסֶּה בְּאַהֲבָה. וְכָל צָרוֹתֵינוּ וְעֲנוּיֵינוּ הֲפֹךְ לָנוּ וּלְכָל יִשְׂרָאֵל לְשָׂשׂוֹן וּלְשִׂמְחָה, לְחַיִּים וּלְשָׁלוֹם. הָאֱמֶת וְהַשָּׁלוֹם אֱהָבוּ, וְאַל יְהִי שׁוּם מִכְשׁוֹל בִּתְפִלָּתִי:

וִיהִי רָצוֹן מִלְּפָנֶיךָ, יְיָ, אֱלֹהֵי אַבְרָהָם אֱלֹהֵי יִצְחָק וֵאלֹהֵי יַעֲקֹב, הָאֵל הַגָּדוֹל הַגִּבּוֹר וְהַנּוֹרָא, אֵל עֶלְיוֹן, אֶהְיֶה אֲשֶׁר אֶהְיֶה, שֶׁכָּל הַמַּלְאָכִים שֶׁהֵם מַעֲלֵי תְפִלּוֹת יָבִיאוּ תְּפִלָּתִי לִפְנֵי כִסֵּא כְבוֹדֶךָ, וְיַצִּיגוּ אוֹתָהּ לְפָנֶיךָ, בַּעֲבוּר כָּל הַצַּדִּיקִים וְהַחֲסִידִים, וְהַתְּמִימִים וְהַיְשָׁרִים, וּבַעֲבוּר כְּבוֹד שִׁמְךָ הַגָּדוֹל וְהַנּוֹרָא, כִּי אַתָּה שׁוֹמֵעַ תְּפִלַּת עַמְּךָ יִשְׂרָאֵל בְּרַחֲמִים. בָּרוּךְ אַתָּה שׁוֹמֵעַ תְּפִלָּה:

יש מוסיפים ומתפללים גם תפלה זו:

אֵל מֶלֶךְ נֶאֱמָן שַׁדַּי מֶלֶךְ עֶלְיוֹן, קַבֵּל שַׁוְעָתִי בְּרָצוֹן. אֱמוּץ לְבָבִי, [כוזו במוכסז כוזו] אֵל חַי, דַּיָּן אֱמֶת. שׁוֹפֵט צֶדֶק. רַחוּם וְחַנּוּן, רַחֵם עָלַי וּשְׁמַע הַיּוֹם אֲשֶׁר אַעְתִּיר בַּעֲדִי, וּבְעַד בֵּיתִי, וּבְעַד עֲדָתִי, הַמַּסְכִּימִים עִמִּי בִּתְפִלָּתִי. וְתִכְלוֹל תְּפִלָּתֵנוּ עִם כָּל תְּפִלּוֹת הַיְשָׁרוֹת וְהַנְּקִיּוֹת שֶׁיַּעֲשׂוּ הַיּוֹם בְּעַמְּךָ יִשְׂרָאֵל. וְתַחְתּוֹר תַּחַת כִּסֵּא כְבוֹדֶךָ כְּמוֹ שֶׁחָתַרְתָּ לִתְפִלַּת מֹשֶׁה, שֶׁלֹּא יֵבוֹשׁוּ שׁוֹלְחַי בִּי, וְלֹא אֲנִי בָּהֶם. יִהְיוּ לְרָצוֹן אִמְרֵי פִי וְהֶגְיוֹן לִבִּי לְפָנֶיךָ, יְיָ צוּרִי וְגוֹאֲלִי. אָמֵן, סֶלָה. יְהִי רָצוֹן לְפָנֶיךָ, אָיוֹם וְנוֹרָא, שֶׁתִּתֵּן לִי קוֹל עָרֵב וְנָעִים הַיּוֹם. וְאַל יִפָּסֵק קוֹלִי, וְאַל יִחַר גְּרוֹנִי, וִיהֵא קוֹלִי נָעִים וְחָזָק כְּמוֹ שֶׁנֶּאֱמַר, וַיְהִי קוֹל הַשּׁוֹפָר הוֹלֵךְ וְחָזֵק מְאֹד. אָמֵן, סֶלָה:

חצי קדיש - בסוף המחזור

כִּי שֵׁם יְיָ אֶקְרָא, הָבוּ גֹדֶל לֵאלֹהֵינוּ:

אֲדֹנָי שְׂפָתַי תִּפְתָּח, וּפִי יַגִּיד תְּהִלָּתֶךָ:

בָּרוּךְ אַתָּה יְיָ אֱלֹהֵינוּ וֵאלֹהֵי אֲבוֹתֵינוּ, אֱלֹהֵי אַבְרָהָם, אֱלֹהֵי יִצְחָק, וֵאלֹהֵי יַעֲקֹב. הָאֵל הַגָּדוֹל הַגִּבּוֹר וְהַנּוֹרָא, אֵל עֶלְיוֹן, גּוֹמֵל חֲסָדִים טוֹבִים, וְקוֹנֵה הַכֹּל, וְזוֹכֵר חַסְדֵי אָבוֹת, וּמֵבִיא גוֹאֵל לִבְנֵי בְנֵיהֶם לְמַעַן שְׁמוֹ בְּאַהֲבָה:

זָכְרֵנוּ לְחַיִּים, מֶלֶךְ חָפֵץ בַּחַיִּים, וְכָתְבֵנוּ בְּסֵפֶר הַחַיִּים, לְמַעַנְךָ אֱלֹהִים חַיִּים:

מֶלֶךְ עוֹזֵר וּמוֹשִׁיעַ וּמָגֵן. בָּרוּךְ אַתָּה יְיָ, מָגֵן אַבְרָהָם:

אַתָּה גִּבּוֹר לְעוֹלָם אֲדֹנָי, מְחַיֵּה מֵתִים אַתָּה, רַב לְהוֹשִׁיעַ:

מְכַלְכֵּל חַיִּים בְּחֶסֶד, מְחַיֵּה מֵתִים בְּרַחֲמִים רַבִּים, סוֹמֵךְ נוֹפְלִים, וְרוֹפֵא חוֹלִים, וּמַתִּיר אֲסוּרִים, וּמְקַיֵּם אֱמוּנָתוֹ לִישֵׁנֵי עָפָר. מִי כָמוֹךָ בַּעַל גְּבוּרוֹת

וּמִי דּוֹמֶה לָּךְ, מֶלֶךְ מֵמִית וּמְחַיֶּה וּמַצְמִיחַ יְשׁוּעָה:

מִי כָמוֹךָ אַב הָרַחֲמִים, זוֹכֵר יְצוּרָיו לַחַיִּים בְּרַחֲמִים:

וְנֶאֱמָן אַתָּה לְהַחֲיוֹת מֵתִים. בָּרוּךְ אַתָּה יְיָ, מְחַיֵּה הַמֵּתִים:

אַתָּה קָדוֹשׁ וְשִׁמְךָ קָדוֹשׁ וּקְדוֹשִׁים בְּכָל יוֹם יְהַלְלוּךָ, סֶּלָה:

וּבְכֵן תֵּן פַּחְדְּךָ יְיָ אֱלֹהֵינוּ, עַל כָּל מַעֲשֶׂיךָ, וְאֵימָתְךָ עַל כָּל

מַה שֶׁבָּרָאתָ, וְיִירָאוּךָ כָּל הַמַּעֲשִׂים וְיִשְׁתַּחֲווּ לְפָנֶיךָ כָּל הַבְּרוּאִים, וְיֵעָשׂוּ כֻלָּם אֲגֻדָּה אַחַת לַעֲשׂוֹת רְצוֹנְךָ בְּלֵבָב שָׁלֵם, כְּמוֹ שֶׁיָּדַעְנוּ יְיָ אֱלֹהֵינוּ, שֶׁהַשָּׁלְטָן לְפָנֶיךָ, עֹז בְּיָדְךָ וּגְבוּרָה בִּימִינֶךָ, וְשִׁמְךָ נוֹרָא עַל כָּל מַה שֶּׁבָּרָאתָ:

וּבְכֵן, תֵּן כָּבוֹד, יְיָ לְעַמֶּךָ, תְּהִלָּה לִירֵאֶיךָ וְתִקְוָה טוֹבָה לְדוֹרְשֶׁיךָ, וּפִתְחוֹן פֶּה לַמְיַחֲלִים

לְךָ, שִׂמְחָה לְאַרְצֶךָ וְשָׂשׂוֹן לְעִירֶךָ, וּצְמִיחַת קֶרֶן לְדָוִד עַבְדֶּךָ, וַעֲרִיכַת נֵר לְבֶן יִשַׁי מְשִׁיחֶךָ, בִּמְהֵרָה בְיָמֵינוּ:

וּבְכֵן צַדִּיקִים יִרְאוּ וְיִשְׂמָחוּ, וִישָׁרִים יַעֲלֹזוּ, וַחֲסִידִים בְּרִנָּה יָגִילוּ, וְעוֹלָתָה תִּקְפָּץ פִּיהָ, וְכָל הָרִשְׁעָה כֻּלָּהּ כְּעָשָׁן תִּכְלֶה, כִּי תַעֲבִיר מֶמְשֶׁלֶת זָדוֹן מִן הָאָרֶץ:

וְתִמְלוֹךְ, אַתָּה יְיָ לְבַדֶּךָ, עַל כָּל מַעֲשֶׂיךָ, בְּהַר צִיּוֹן מִשְׁכַּן כְּבוֹדֶךָ, וּבִירוּשָׁלַיִם עִיר קָדְשֶׁךָ, כַּכָּתוּב בְּדִבְרֵי קָדְשֶׁךָ: יִמְלֹךְ יְיָ לְעוֹלָם, אֱלֹהַיִךְ צִיּוֹן לְדֹר וָדֹר, הַלְלוּיָהּ:

קָדוֹשׁ אַתָּה וְנוֹרָא שְׁמֶךָ, וְאֵין אֱלוֹהַּ מִבַּלְעָדֶיךָ, כַּכָּתוּב, וַיִּגְבַּהּ יְיָ צְבָאוֹת בַּמִּשְׁפָּט, וְהָאֵל הַקָּדוֹשׁ נִקְדַּשׁ בִּצְדָקָה. בָּרוּךְ אַתָּה יְיָ, הַמֶּלֶךְ הַקָּדוֹשׁ:

אַתָּה בְחַרְתָּנוּ מִכָּל הָעַמִּים, אָהַבְתָּ אוֹתָנוּ וְרָצִיתָ בָּנוּ, וְרוֹמַמְתָּנוּ מִכָּל הַלְּשׁוֹנוֹת, וְקִדַּשְׁתָּנוּ בְּמִצְוֹתֶיךָ, וְקֵרַבְתָּנוּ מַלְכֵּנוּ לַעֲבוֹדָתֶךָ, וְשִׁמְךָ הַגָּדוֹל וְהַקָּדוֹשׁ עָלֵינוּ קָרָאתָ:

וַתִּתֶּן לָנוּ, יְיָ אֱלֹהֵינוּ, בְּאַהֲבָה אֶת יוֹם (לשבת: הַשַּׁבָּת הַזֶּה וְאֶת יוֹם) הַזִּכָּרוֹן הַזֶּה, יוֹם (לשבת: זִכְרוֹן) תְּרוּעָה (לשבת: בְּאַהֲבָה) מִקְרָא קֹדֶשׁ, זֵכֶר לִיצִיאַת מִצְרָיִם:

וּמִפְּנֵי חֲטָאֵינוּ גָּלִינוּ מֵאַרְצֵנוּ, וְנִתְרַחַקְנוּ מֵעַל אַדְמָתֵנוּ. וְאֵין אֲנַחְנוּ יְכוֹלִים לַעֲשׂוֹת חוֹבוֹתֵינוּ בְּבֵית בְּחִירָתֶךָ, בַּבַּיִת הַגָּדוֹל וְהַקָּדוֹשׁ שֶׁנִּקְרָא שִׁמְךָ עָלָיו, מִפְּנֵי הַיָּד שֶׁנִּשְׁתַּלְּחָה בְּמִקְדָּשֶׁךָ. יְהִי רָצוֹן מִלְּפָנֶיךָ, יְיָ אֱלֹהֵינוּ וֵאלֹהֵי אֲבוֹתֵינוּ, מֶלֶךְ רַחֲמָן, שֶׁתָּשׁוּב וּתְרַחֵם עָלֵינוּ, וְעַל מִקְדָּשְׁךָ בְּרַחֲמֶיךָ הָרַבִּים, וְתִבְנֵהוּ מְהֵרָה וּתְגַדֵּל כְּבוֹדוֹ.

אָבִינוּ מַלְכֵּנוּ, גַּלֵּה כְּבוֹד מַלְכוּתְךָ עָלֵינוּ מְהֵרָה, וְהוֹפַע וְהִנָּשֵׂא עָלֵינוּ לְעֵינֵי כָּל חָי, וְקָרֵב פְּזוּרֵינוּ מִבֵּין הַגּוֹיִם. וּנְפוּצוֹתֵינוּ כַּנֵּס מִיַּרְכְּתֵי אָרֶץ. וַהֲבִיאֵנוּ לְצִיּוֹן עִירְךָ בְּרִנָּה, וְלִירוּשָׁלַיִם בֵּית מִקְדָּשְׁךָ בְּשִׂמְחַת עוֹלָם. וְשָׁם נַעֲשֶׂה לְפָנֶיךָ אֶת קָרְבְּנוֹת חוֹבוֹתֵינוּ, תְּמִידִים כְּסִדְרָם וּמוּסָפִים כְּהִלְכָתָם. וְאֶת מוּסְפֵי (לשבת: יוֹם הַשַּׁבָּת הַזֶּה וְ) יוֹם הַזִּכָּרוֹן

הַזֶּה נַעֲשֶׂה וְנַקְרִיב לְפָנֶיךָ בְּאַהֲבָה כְּמִצְוַת רְצוֹנֶךָ, כְּמוֹ שֶׁכָּתַבְתָּ עָלֵינוּ בְּתוֹרָתֶךָ, עַל יְדֵי מֹשֶׁה עַבְדֶּךָ מִפִּי כְבוֹדֶךָ כָּאָמוּר:

כשחל בשבת אומרים "וביום השבת":

וּבְיוֹם הַשַּׁבָּת שְׁנֵי כְבָשִׂים בְּנֵי שָׁנָה תְּמִימִם, וּשְׁנֵי עֶשְׂרוֹנִים סֹלֶת מִנְחָה בְּלוּלָה בַשֶּׁמֶן וְנִסְכּוֹ: עֹלַת שַׁבַּת בְּשַׁבַּתּוֹ, עַל עֹלַת הַתָּמִיד וְנִסְכָּהּ:

וּבַחֹדֶשׁ הַשְּׁבִיעִי בְּאֶחָד לַחֹדֶשׁ מִקְרָא קֹדֶשׁ יִהְיֶה לָכֶם כָּל

מְלֶאכֶת עֲבֹדָה לֹא תַעֲשׂוּ, יוֹם תְּרוּעָה יִהְיֶה לָכֶם: וַעֲשִׂיתֶם עֹלָה לְרֵיחַ נִיחֹחַ לַיָי, פַּר בֶּן בָּקָר אֶחָד אַיִל אֶחָד, כְּבָשִׂים בְּנֵי שָׁנָה שִׁבְעָה תְּמִימִם:

וּמִנְחָתָם וְנִסְכֵּיהֶם כִּמְדֻבָּר, שְׁלֹשָׁה עֶשְׂרֹנִים לַפָּר, וּשְׁנֵי עֶשְׂרֹנִים לָאָיִל, וְעִשָּׂרוֹן לַכֶּבֶשׂ, וְיַיִן כְּנִסְכּוֹ, וּשְׁנֵי שְׂעִירִים לְכַפֵּר, וּשְׁנֵי תְמִידִים כְּהִלְכָתָם. מִלְּבַד עֹלַת הַחֹדֶשׁ וּמִנְחָתָהּ, וְעֹלַת הַתָּמִיד וּמִנְחָתָהּ, וְנִסְכֵּיהֶם כְּמִשְׁפָּטָם, לְרֵיחַ נִיחֹחַ אִשֶּׁה לַיָי:

לשבת: יִשְׂמְחוּ בְמַלְכוּתְךָ שׁוֹמְרֵי שַׁבָּת וְקוֹרְאֵי עֹנֶג, עַם מְקַדְּשֵׁי שְׁבִיעִי, כֻּלָּם יִשְׂבְּעוּ וְיִתְעַנְּגוּ מִטּוּבֶךָ, וּבַשְּׁבִיעִי רָצִיתָ בּוֹ וְקִדַּשְׁתּוֹ, חֶמְדַּת יָמִים אוֹתוֹ קָרָאתָ, זֵכֶר לְמַעֲשֵׂה בְרֵאשִׁית:

עָלֵינוּ לְשַׁבֵּחַ לַאֲדוֹן הַכֹּל, לָתֵת גְּדֻלָּה לְיוֹצֵר בְּרֵאשִׁית, שֶׁלֹּא עָשָׂנוּ כְּגוֹיֵי הָאֲרָצוֹת, וְלֹא שָׂמָנוּ כְּמִשְׁפְּחוֹת הָאֲדָמָה, שֶׁלֹּא שָׂם חֶלְקֵנוּ כָּהֶם, וְגֹרָלֵנוּ כְּכָל הֲמוֹנָם. וַאֲנַחְנוּ כּוֹרְעִים

וּמִשְׁתַּחֲוִים וּמוֹדִים, לִפְנֵי מֶלֶךְ, מַלְכֵי הַמְּלָכִים, הַקָּדוֹשׁ בָּרוּךְ הוּא. שֶׁהוּא נוֹטֶה שָׁמַיִם וְיֹסֵד אָרֶץ, וּמוֹשַׁב יְקָרוֹ בַּשָּׁמַיִם מִמַּעַל, וּשְׁכִינַת עֻזּוֹ בְּגָבְהֵי מְרוֹמִים, הוּא אֱלֹהֵינוּ אֵין עוֹד. אֱמֶת מַלְכֵּנוּ אֶפֶס זוּלָתוֹ, כַּכָּתוּב בְּתוֹרָתוֹ, וְיָדַעְתָּ הַיּוֹם וַהֲשֵׁבֹתָ אֶל לְבָבֶךָ, כִּי יְיָ הוּא הָאֱלֹהִים בַּשָּׁמַיִם מִמַּעַל, וְעַל הָאָרֶץ מִתָּחַת, אֵין עוֹד:

עַל כֵּן נְקַוֶּה לְּךָ יְיָ אֱלֹהֵינוּ, לִרְאוֹת מְהֵרָה בְּתִפְאֶרֶת עֻזֶּךָ, לְהַעֲבִיר גִּלּוּלִים מִן הָאָרֶץ וְהָאֱלִילִים כָּרוֹת יִכָּרֵתוּן. לְתַקֵּן עוֹלָם בְּמַלְכוּת שַׁדַּי, וְכָל בְּנֵי בָשָׂר יִקְרְאוּ בִשְׁמֶךָ. לְהַפְנוֹת אֵלֶיךָ כָּל רִשְׁעֵי אָרֶץ. יַכִּירוּ וְיֵדְעוּ כָּל יוֹשְׁבֵי תֵבֵל, כִּי לְךָ תִּכְרַע כָּל בֶּרֶךְ, תִּשָּׁבַע כָּל לָשׁוֹן: לְפָנֶיךָ יְיָ אֱלֹהֵינוּ יִכְרְעוּ וְיִפֹּלוּ. וְלִכְבוֹד שִׁמְךָ יְקָר יִתֵּנוּ.

וִיקַבְּלוּ כֻלָּם אֶת עוֹל מַלְכוּתֶךָ. וְתִמְלֹךְ עֲלֵיהֶם מְהֵרָה לְעוֹלָם וָעֶד. כִּי הַמַּלְכוּת שֶׁלְּךָ הִיא, וּלְעוֹלְמֵי עַד תִּמְלוֹךְ בְּכָבוֹד. כַּכָּתוּב בְּתוֹרָתֶךָ, יְיָ יִמְלֹךְ לְעוֹלָם וָעֶד:

וְנֶאֱמַר, לֹא הִבִּיט אָוֶן בְּיַעֲקֹב, וְלֹא רָאָה עָמָל בְּיִשְׂרָאֵל: יְיָ אֱלֹהָיו עִמּוֹ וּתְרוּעַת מֶלֶךְ בּוֹ: וְנֶאֱמַר, וַיְהִי בִישֻׁרוּן מֶלֶךְ, בְּהִתְאַסֵּף רָאשֵׁי עָם, יַחַד שִׁבְטֵי יִשְׂרָאֵל:

וּבְדִבְרֵי קָדְשְׁךָ כָּתוּב לֵאמֹר, כִּי לַייָ הַמְּלוּכָה וּמוֹשֵׁל בַּגּוֹיִם: וְנֶאֱמַר, יְיָ מָלָךְ, גֵּאוּת לָבֵשׁ, לָבֵשׁ יְיָ, עֹז הִתְאַזָּר, אַף תִּכּוֹן תֵּבֵל בַּל תִּמּוֹט: וְנֶאֱמַר, שְׂאוּ שְׁעָרִים רָאשֵׁיכֶם וְהִנָּשְׂאוּ פִּתְחֵי עוֹלָם, וְיָבוֹא מֶלֶךְ הַכָּבוֹד: מִי זֶה מֶלֶךְ הַכָּבוֹד, יְיָ עִזּוּז וְגִבּוֹר, יְיָ גִּבּוֹר מִלְחָמָה: שְׂאוּ שְׁעָרִים רָאשֵׁיכֶם, וּשְׂאוּ פִּתְחֵי עוֹלָם, וְיָבֹא מֶלֶךְ

הַכָּבוֹד: מִי הוּא זֶה מֶלֶךְ הַכָּבוֹד, יְיָ צְבָאוֹת הוּא מֶלֶךְ הַכָּבוֹד, סֶלָה:

וְעַל יְדֵי עֲבָדֶיךָ הַנְּבִיאִים כָּתוּב לֵאמֹר, כֹּה אָמַר יְיָ, מֶלֶךְ יִשְׂרָאֵל וְגֹאֲלוֹ, יְיָ צְבָאוֹת, אֲנִי רִאשׁוֹן וַאֲנִי אַחֲרוֹן, וּמִבַּלְעָדַי אֵין אֱלֹהִים: וְנֶאֱמַר, וְעָלוּ מוֹשִׁעִים בְּהַר צִיּוֹן לִשְׁפֹּט אֶת הַר עֵשָׂו, וְהָיְתָה לַייָ הַמְּלוּכָה: וְנֶאֱמַר, וְהָיָה יְיָ לְמֶלֶךְ עַל כָּל

הָאָרֶץ, בַּיּוֹם הַהוּא יִהְיֶה יְיָ אֶחָד וּשְׁמוֹ אֶחָד: וּבְתוֹרָתְךָ כָּתוּב לֵאמֹר, שְׁמַע יִשְׂרָאֵל, יְיָ אֱלֹהֵינוּ, יְיָ אֶחָד:

אֱלֹהֵינוּ וֵאלֹהֵי אֲבוֹתֵינוּ, מְלוֹךְ עַל כָּל הָעוֹלָם כֻּלּוֹ בִּכְבוֹדֶךָ, וְהִנָּשֵׂא עַל כָּל הָאָרֶץ בִּיקָרֶךָ, וְהוֹפַע בַּהֲדַר גְּאוֹן עֻזֶּךָ, עַל כָּל יוֹשְׁבֵי תֵבֵל אַרְצֶךָ, וְיֵדַע כָּל פָּעוּל כִּי אַתָּה פְעַלְתּוֹ, וְיָבִין כָּל יְצוּר כִּי

אַתָּה יְצַרְתּוֹ, וְיֹאמַר כֹּל אֲשֶׁר נְשָׁמָה בְּאַפּוֹ, יְיָ אֱלֹהֵי יִשְׂרָאֵל מֶלֶךְ, וּמַלְכוּתוֹ בַּכֹּל מָשָׁלָה. (לשבת: אֱלֹהֵינוּ וֵאלֹהֵי אֲבוֹתֵינוּ רְצֵה בִמְנוּחָתֵנוּ) קַדְּשֵׁנוּ בְּמִצְוֹתֶיךָ וְתֵן חֶלְקֵנוּ בְּתוֹרָתֶךָ, שַׂבְּעֵנוּ מִטּוּבֶךָ וְשַׂמְּחֵנוּ בִּישׁוּעָתֶךָ. (לשבת: וְהַנְחִילֵנוּ, יְיָ אֱלֹהֵינוּ, בְּאַהֲבָה וּבְרָצוֹן שַׁבַּת קָדְשֶׁךָ, וְיָנוּחוּ בוֹ יִשְׂרָאֵל מְקַדְּשֵׁי שְׁמֶךָ). וְטַהֵר לִבֵּנוּ לְעָבְדְּךָ בֶּאֱמֶת, כִּי אַתָּה אֱלֹהִים אֱמֶת, וּדְבָרְךָ אֱמֶת

וְקַיָּם לָעַד. בָּרוּךְ אַתָּה יְיָ, מֶלֶךְ עַל כָּל הָאָרֶץ, מְקַדֵּשׁ (לשבת: הַשַּׁבָּת וְ)יִשְׂרָאֵל וְיוֹם הַזִּכָּרוֹן:

יש נוהגים כאן לתקוע (בשבת אין תוקעין)

תשר"ת תש"ת תר"ת

הנוהגים לתקוע אומרים "היום הרת עולם", וגם בשבת

הַיּוֹם הֲרַת עוֹלָם, הַיּוֹם יַעֲמִיד בַּמִּשְׁפָּט כָּל יְצוּרֵי עוֹלָמִים, אִם כְּבָנִים אִם כַּעֲבָדִים. אִם כְּבָנִים, רַחֲמֵנוּ כְּרַחֵם אָב עַל בָּנִים. וְאִם כַּעֲבָדִים עֵינֵינוּ לְךָ תְלוּיוֹת, עַד שֶׁתְּחָנֵּנוּ וְתוֹצִיא כָאוֹר מִשְׁפָּטֵנוּ, אָיוֹם קָדוֹשׁ:

אַתָּה זוֹכֵר מַעֲשֵׂה עוֹלָם, וּפוֹקֵד כָּל יְצוּרֵי קֶדֶם. לְפָנֶיךָ נִגְלוּ כָּל תַּעֲלוּמוֹת, וַהֲמוֹן נִסְתָּרוֹת שֶׁמִּבְּרֵאשִׁית. כִּי אֵין שִׁכְחָה לִפְנֵי כִסֵּא כְבוֹדֶךָ, וְאֵין נִסְתָּר מִנֶּגֶד עֵינֶיךָ. אַתָּה זוֹכֵר אֶת כָּל הַמִּפְעָל, וְגַם כָּל הַיְצוּר לֹא נִכְחַד מִמֶּךָּ. הַכֹּל גָּלוּי וְיָדוּעַ לְפָנֶיךָ, יְיָ אֱלֹהֵינוּ, צוֹפֶה וּמַבִּיט עַד סוֹף כָּל הַדּוֹרוֹת. כִּי תָבִיא חֹק זִכָּרוֹן,

לְהִפָּקֵד כָּל רוּחַ וָנֶפֶשׁ, לְהִזָּכֵר מַעֲשִׂים רַבִּים וַהֲמוֹן בְּרִיּוֹת לְאֵין תַּכְלִית, מֵרֵאשִׁית כָּזֹאת הוֹדָעְתָּ, וּמִלְּפָנִים אוֹתָהּ גִּלִּיתָ. זֶה הַיּוֹם תְּחִלַּת מַעֲשֶׂיךָ, זִכָּרוֹן לְיוֹם רִאשׁוֹן, כִּי חֹק לְיִשְׂרָאֵל הוּא, מִשְׁפָּט לֵאלֹהֵי יַעֲקֹב:

וְעַל הַמְּדִינוֹת בּוֹ יֵאָמֵר, אֵיזוֹ לַחֶרֶב, וְאֵיזוֹ לַשָּׁלוֹם, אֵיזוֹ לָרָעָב, וְאֵיזוֹ לַשֹּׂבַע. וּבְרִיּוֹת בּוֹ יִפָּקֵדוּ, לְהַזְכִּירָם לַחַיִּים

וְלַמָּוֶת. מִי לֹא נִפְקַד כְּהַיּוֹם הַזֶּה. כִּי זֵכֶר כָּל הַיְצוּר לְפָנֶיךָ בָּא, מַעֲשֵׂה אִישׁ וּפְקֻדָּתוֹ, וַעֲלִילוֹת מִצְעֲדֵי גָבֶר, מַחְשְׁבוֹת אָדָם וְתַחְבּוּלוֹתָיו, וְיִצְרֵי מַעַלְלֵי אִישׁ. אַשְׁרֵי אִישׁ שֶׁלֹּא יִשְׁכָּחֶךָּ, וּבֶן אָדָם יִתְאַמֶּץ בָּךְ. כִּי דוֹרְשֶׁיךָ לְעוֹלָם לֹא יִכָּשֵׁלוּ, וְלֹא יִכָּלְמוּ לָנֶצַח כָּל הַחוֹסִים בָּךְ. כִּי זֵכֶר כָּל הַמַּעֲשִׂים לְפָנֶיךָ בָּא, וְאַתָּה דוֹרֵשׁ מַעֲשֵׂה כֻלָּם. וְגַם אֶת נֹחַ

בְּאַהֲבָה זָכַרְתָּ, וַתִּפְקְדֵהוּ בִּדְבַר יְשׁוּעָה וְרַחֲמִים, בַּהֲבִיאֲךָ אֶת מֵי הַמַּבּוּל לְשַׁחֵת כָּל בָּשָׂר מִפְּנֵי רֹעַ מַעַלְלֵיהֶם. עַל כֵּן זִכְרוֹנוֹ בָּא לְפָנֶיךָ, יְיָ אֱלֹהֵינוּ, לְהַרְבּוֹת זַרְעוֹ כְּעַפְרוֹת תֵּבֵל, וְצֶאֱצָאָיו כְּחוֹל הַיָּם, כַּכָּתוּב בְּתוֹרָתֶךָ, וַיִּזְכֹּר אֱלֹהִים אֶת נֹחַ, וְאֵת כָּל הַחַיָּה וְאֶת כָּל הַבְּהֵמָה אֲשֶׁר אִתּוֹ בַּתֵּבָה, וַיַּעֲבֵר אֱלֹהִים רוּחַ עַל הָאָרֶץ, וַיָּשֹׁכּוּ הַמָּיִם: וְנֶאֱמַר,

וַיִּשְׁמַע אֱלֹהִים אֶת נַאֲקָתָם, וַיִּזְכֹּר אֱלֹהִים אֶת בְּרִיתוֹ אֶת אַבְרָהָם, אֶת יִצְחָק וְאֶת יַעֲקֹב: וְנֶאֱמַר, וְזָכַרְתִּי אֶת בְּרִיתִי יַעֲקוֹב, וְאַף אֶת בְּרִיתִי יִצְחָק, וְאַף אֶת בְּרִיתִי אַבְרָהָם אֶזְכֹּר, וְהָאָרֶץ אֶזְכֹּר:

וּבְדִבְרֵי קָדְשְׁךָ כָּתוּב לֵאמֹר, זֵכֶר עָשָׂה לְנִפְלְאוֹתָיו, חַנּוּן וְרַחוּם יְיָ: וְנֶאֱמַר, טֶרֶף נָתַן לִירֵאָיו, יִזְכֹּר לְעוֹלָם בְּרִיתוֹ:

וְנֶאֱמַר, וַיִּזְכֹּר לָהֶם בְּרִיתוֹ, וַיִּנָּחֵם כְּרֹב חֲסָדָיו:

וְעַל יְדֵי עֲבָדֶיךָ הַנְּבִיאִים כָּתוּב לֵאמֹר, הָלוֹךְ וְקָרָאתָ בְאָזְנֵי יְרוּשָׁלַיִם לֵאמֹר, כֹּה אָמַר יְיָ, זָכַרְתִּי לָךְ חֶסֶד נְעוּרַיִךְ, אַהֲבַת כְּלוּלֹתָיִךְ, לֶכְתֵּךְ אַחֲרַי בַּמִּדְבָּר, בְּאֶרֶץ לֹא זְרוּעָה: וְנֶאֱמַר, וְזָכַרְתִּי אֲנִי אֶת בְּרִיתִי אוֹתָךְ בִּימֵי נְעוּרָיִךְ, וַהֲקִימוֹתִי לָךְ בְּרִית

עוֹלָם: וְנֶאֱמַר, הֲבֵן יַקִּיר לִי אֶפְרַיִם, אִם יֶלֶד שַׁעֲשׁוּעִים, כִּי מִדֵּי דַבְּרִי בּוֹ זָכֹר אֶזְכְּרֶנּוּ עוֹד, עַל כֵּן הָמוּ מֵעַי לוֹ, רַחֵם אֲרַחֲמֶנּוּ, נְאֻם יְיָ:

אֱלֹהֵינוּ וֵאלֹהֵי אֲבוֹתֵינוּ, זָכְרֵנוּ בְּזִכָּרוֹן טוֹב לְפָנֶיךָ, וּפָקְדֵנוּ בִּפְקֻדַּת יְשׁוּעָה וְרַחֲמִים מִשְּׁמֵי שְׁמֵי קֶדֶם. וּזְכָר לָנוּ, יְיָ אֱלֹהֵינוּ, אֶת הַבְּרִית וְאֶת הַחֶסֶד, וְאֶת

הַשְּׁבוּעָה אֲשֶׁר נִשְׁבַּעְתָּ לְאַבְרָהָם אָבִינוּ בְּהַר הַמּוֹרִיָּה. וְתֵרָאֶה לְפָנֶיךָ עֲקֵדָה שֶׁעָקַד אַבְרָהָם אָבִינוּ אֶת יִצְחָק בְּנוֹ עַל גַּבֵּי הַמִּזְבֵּחַ, וְכָבַשׁ רַחֲמָיו לַעֲשׂוֹת רְצוֹנְךָ בְּלֵבָב שָׁלֵם. כֵּן יִכְבְּשׁוּ רַחֲמֶיךָ אֶת כַּעַסְךָ מֵעָלֵינוּ, וּבְטוּבְךָ הַגָּדוֹל יָשׁוּב חֲרוֹן אַפְּךָ מֵעַמְּךָ וּמֵעִירְךָ וּמִנַּחֲלָתֶךָ. וְקַיֶּם לָנוּ, יְיָ אֱלֹהֵינוּ, אֶת הַדָּבָר שֶׁהִבְטַחְתָּנוּ בְּתוֹרָתֶךָ, עַל יְדֵי מֹשֶׁה עַבְדֶּךָ,

מִפִּי כְבוֹדֶךָ, כָּאָמוּר, וְזָכַרְתִּי לָהֶם בְּרִית רִאשׁוֹנִים, אֲשֶׁר הוֹצֵאתִי אֹתָם מֵאֶרֶץ מִצְרַיִם לְעֵינֵי הַגּוֹיִם לִהְיוֹת לָהֶם לֵאלֹהִים, אֲנִי יְיָ. כִּי זוֹכֵר כָּל הַנִּשְׁכָּחוֹת אַתָּה הוּא מֵעוֹלָם, וְאֵין שִׁכְחָה לִפְנֵי כִסֵּא כְבוֹדֶךָ. וַעֲקֵדַת יִצְחָק לְזַרְעוֹ הַיּוֹם בְּרַחֲמִים תִּזְכּוֹר. בָּרוּךְ אַתָּה יְיָ, זוֹכֵר הַבְּרִית:

יש נוהגים כאן לתקוע (בשבת אין תוקעין)

תשר״ת תש״ת תר״ת

הנוהגים לתקוע אומרים "היום הרת עולם", וגם בשבת

הַיּוֹם הֲרַת עוֹלָם, הַיּוֹם יַעֲמִיד בַּמִּשְׁפָּט כָּל יְצוּרֵי עוֹלָמִים, אִם כְּבָנִים אִם כַּעֲבָדִים. אִם כְּבָנִים, רַחֲמֵנוּ כְּרַחֵם אָב עַל בָּנִים. וְאִם כַּעֲבָדִים עֵינֵינוּ לְךָ תְלוּיוֹת, עַד שֶׁתְּחָנֵּנוּ וְתוֹצִיא כָאוֹר מִשְׁפָּטֵנוּ, אָיוֹם קָדוֹשׁ:

אַתָּה נִגְלֵיתָ בַּעֲנַן כְּבוֹדֶךָ, עַל עַם קָדְשְׁךָ, לְדַבֵּר עִמָּם. מִן הַשָּׁמַיִם הִשְׁמַעְתָּם קוֹלֶךָ, וְנִגְלֵיתָ עֲלֵיהֶם בְּעַרְפַלֵּי טֹהַר. גַּם כָּל הָעוֹלָם כֻּלּוֹ חָל מִפָּנֶיךָ

וּבְרִיּוֹת בְּרֵאשִׁית חָרְדוּ מִמֶּךָּ, בְּהִגָּלוֹתְךָ מַלְכֵּנוּ עַל הַר סִינַי לְלַמֵּד לְעַמְּךָ תּוֹרָה וּמִצְווֹת, וַתַּשְׁמִיעֵם אֶת הוֹד קוֹלֶךָ, וְדַבְּרוֹת קָדְשְׁךָ מִלַּהֲבוֹת אֵשׁ. בְּקֹלֹת וּבְרָקִים עֲלֵיהֶם נִגְלֵיתָ, וּבְקוֹל שֹׁפָר עֲלֵיהֶם הוֹפָעְתָּ, כַּכָּתוּב בְּתוֹרָתֶךָ, וַיְהִי בַיּוֹם הַשְּׁלִישִׁי בִּהְיֹת הַבֹּקֶר, וַיְהִי קֹלֹת וּבְרָקִים, וְעָנָן כָּבֵד עַל הָהָר, וְקֹל שֹׁפָר חָזָק מְאֹד, וַיֶּחֱרַד כָּל הָעָם אֲשֶׁר בַּמַּחֲנֶה:

וְנֶאֱמַר, וַיְהִי קוֹל הַשֹּׁפָר הוֹלֵךְ וְחָזֵק מְאֹד, מֹשֶׁה יְדַבֵּר וְהָאֱלֹהִים יַעֲנֶנּוּ בְקוֹל: וְנֶאֱמַר, וְכָל הָעָם רֹאִים אֶת הַקּוֹלֹת וְאֶת הַלַּפִּידִם, וְאֵת קוֹל הַשֹּׁפָר, וְאֶת הָהָר עָשֵׁן, וַיַּרְא הָעָם וַיָּנֻעוּ וַיַּעַמְדוּ מֵרָחוֹק:

וּבְדִבְרֵי קָדְשְׁךָ כָּתוּב לֵאמֹר, עָלָה אֱלֹהִים בִּתְרוּעָה, יְיָ בְּקוֹל שׁוֹפָר: וְנֶאֱמַר, בַּחֲצֹצְרוֹת וְקוֹל שׁוֹפָר הָרִיעוּ לִפְנֵי הַמֶּלֶךְ יְיָ:

וְנֶאֱמַר, תִּקְעוּ בַחֹדֶשׁ שׁוֹפָר, בַּכֶּסֶה לְיוֹם חַגֵּנוּ: כִּי חֹק לְיִשְׂרָאֵל הוּא, מִשְׁפָּט לֵאלֹהֵי יַעֲקֹב: וְנֶאֱמַר, הַלְלוּיָהּ, הַלְלוּ אֵל בְּקָדְשׁוֹ, הַלְלוּהוּ בִּרְקִיעַ עֻזּוֹ: הַלְלוּהוּ בִגְבוּרֹתָיו, הַלְלוּהוּ כְּרֹב גֻּדְלוֹ. הַלְלוּהוּ בְּתֵקַע שׁוֹפָר, הַלְלוּהוּ בְּנֵבֶל וְכִנּוֹר: הַלְלוּהוּ בְתֹף וּמָחוֹל, הַלְלוּהוּ בְּמִנִּים וְעֻגָב: הַלְלוּהוּ בְצִלְצְלֵי שָׁמַע, הַלְלוּהוּ בְּצִלְצְלֵי תְרוּעָה: כֹּל הַנְּשָׁמָה תְּהַלֵּל יָהּ, הַלְלוּיָהּ:

וְעַל יְדֵי עֲבָדֶיךָ הַנְּבִיאִים כָּתוּב לֵאמֹר, כָּל יֹשְׁבֵי תֵבֵל וְשֹׁכְנֵי אָרֶץ, כִּנְשֹׂא נֵס הָרִים תִּרְאוּ, וְכִתְקֹעַ שׁוֹפָר תִּשְׁמָעוּ: וְנֶאֱמַר, וְהָיָה בַּיּוֹם הַהוּא יִתָּקַע בְּשׁוֹפָר גָּדוֹל, וּבָאוּ הָאֹבְדִים בְּאֶרֶץ אַשּׁוּר וְהַנִּדָּחִים בְּאֶרֶץ מִצְרָיִם, וְהִשְׁתַּחֲווּ לַיְיָ בְּהַר הַקֹּדֶשׁ בִּירוּשָׁלָיִם: וְנֶאֱמַר, וַיְיָ עֲלֵיהֶם יֵרָאֶה, וְיָצָא כַבָּרָק חִצּוֹ; וַאדֹנָי אֱלֹהִים בַּשּׁוֹפָר יִתְקָע, וְהָלַךְ בְּסַעֲרוֹת תֵּימָן: יְיָ

צְבָאוֹת יָגֵן עֲלֵיהֶם. כֵּן תָּגֵן עַל עַמְּךָ יִשְׂרָאֵל בִּשְׁלוֹמֶךָ:

אֱלֹהֵינוּ וֵאלֹהֵי אֲבוֹתֵינוּ, תְּקַע בְּשׁוֹפָר גָּדוֹל לְחֵרוּתֵנוּ, וְשָׂא נֵס לְקַבֵּץ גָּלֻיּוֹתֵינוּ, וְקָרֵב פְּזוּרֵינוּ מִבֵּין הַגּוֹיִם, וּנְפוּצוֹתֵינוּ כַּנֵּס מִיַּרְכְּתֵי אָרֶץ. וַהֲבִיאֵנוּ לְצִיּוֹן עִירְךָ בְּרִנָּה, וְלִירוּשָׁלַיִם בֵּית מִקְדָּשְׁךָ בְּשִׂמְחַת עוֹלָם. וְשָׁם נַעֲשֶׂה לְפָנֶיךָ אֶת קָרְבְּנוֹת חוֹבוֹתֵינוּ כְּמִצְוָּה עָלֵינוּ בְּתוֹרָתֶךָ,

עַל יְדֵי משֶׁה עַבְדֶּךָ, מִפִּי כְבוֹדֶךָ כָּאָמוּר, וּבְיוֹם שִׂמְחַתְכֶם, וּבְמוֹעֲדֵיכֶם וּבְרָאשֵׁי חָדְשֵׁיכֶם, וּתְקַעְתֶּם בַּחֲצֹצְרֹת עַל עֹלֹתֵיכֶם וְעַל זִבְחֵי שַׁלְמֵיכֶם, וְהָיוּ לָכֶם לְזִכָּרוֹן לִפְנֵי אֱלֹהֵיכֶם, אֲנִי יְיָ אֱלֹהֵיכֶם. כִּי אַתָּה שׁוֹמֵעַ קוֹל שׁוֹפָר, וּמַאֲזִין תְּרוּעָה, וְאֵין דּוֹמֶה לָּךְ. בָּרוּךְ אַתָּה יְיָ, שׁוֹמֵעַ קוֹל תְּרוּעַת עַמּוֹ יִשְׂרָאֵל בְּרַחֲמִים:

יש נוהגים כאן לתקוע (בשבת אין תוקעין)

תשר"ת תש"ת תר"ת

הנוהגים לתקוע אומרים "היום הרת עולם", וגם בשבת

הַיּוֹם הֲרַת עוֹלָם, הַיּוֹם יַעֲמִיד בַּמִּשְׁפָּט כָּל יְצוּרֵי עוֹלָמִים, אִם כְּבָנִים אִם כַּעֲבָדִים. אִם כְּבָנִים, רַחֲמֵנוּ כְּרַחֵם אָב עַל בָּנִים. וְאִם כַּעֲבָדִים עֵינֵינוּ לְךָ תְלוּיוֹת, עַד שֶׁתְּחָנֵּנוּ וְתוֹצִיא כָאוֹר מִשְׁפָּטֵנוּ, אָיוֹם קָדוֹשׁ:

רְצֵה, יְיָ אֱלֹהֵינוּ, בְּעַמְּךָ יִשְׂרָאֵל וּבִתְפִלָּתָם, וְהָשֵׁב אֶת הָעֲבוֹדָה לִדְבִיר בֵּיתֶךָ, וְאִשֵּׁי יִשְׂרָאֵל, וּתְפִלָּתָם בְּאַהֲבָה

תְקַבֵּל בְּרָצוֹן, וּתְהִי לְרָצוֹן תָּמִיד עֲבוֹדַת יִשְׂרָאֵל עַמֶּךָ:

וְתֶחֱזֶינָה עֵינֵינוּ בְּשׁוּבְךָ לְצִיּוֹן בְּרַחֲמִים. בָּרוּךְ אַתָּה יְיָ, הַמַּחֲזִיר שְׁכִינָתוֹ לְצִיּוֹן:

מוֹדִים אֲנַחְנוּ לָךְ, שָׁאַתָּה הוּא, יְיָ אֱלֹהֵינוּ וֵאלֹהֵי אֲבוֹתֵינוּ, לְעוֹלָם וָעֶד, צוּר חַיֵּינוּ, מָגֵן יִשְׁעֵנוּ, אַתָּה הוּא לְדוֹר וָדוֹר נוֹדֶה לְךָ וּנְסַפֵּר תְּהִלָּתֶךָ. עַל חַיֵּינוּ הַמְּסוּרִים בְּיָדֶךָ, וְעַל

נִשְׁמוֹתֵינוּ הַפְּקוּדוֹת לָךְ, וְעַל
נִסֶּיךָ שֶׁבְּכָל יוֹם עִמָּנוּ, וְעַל
נִפְלְאוֹתֶיךָ וְטוֹבוֹתֶיךָ שֶׁבְּכָל
עֵת, עֶרֶב וָבֹקֶר וְצָהֳרָיִם, הַטּוֹב
כִּי לֹא כָלוּ רַחֲמֶיךָ, וְהַמְרַחֵם
כִּי לֹא תַמּוּ חֲסָדֶיךָ מֵעוֹלָם
קִוִּינוּ לָךְ:

וְעַל כֻּלָּם יִתְבָּרַךְ וְיִתְרוֹמַם
שִׁמְךָ מַלְכֵּנוּ תָּמִיד לְעוֹלָם
וָעֶד:

וּכְתוֹב לְחַיִּים טוֹבִים כָּל בְּנֵי
בְרִיתֶךָ:

וְכֹל הַחַיִּים יוֹדְוּךָ סֶּלָה, וִיהַלְלוּ אֶת שִׁמְךָ בֶּאֱמֶת, הָאֵל יְשׁוּעָתֵנוּ וְעֶזְרָתֵנוּ סֶלָה. בָּרוּךְ אַתָּה יְיָ, הַטּוֹב שִׁמְךָ וּלְךָ נָאֶה לְהוֹדוֹת:

שִׂים שָׁלוֹם טוֹבָה וּבְרָכָה, חֵן וָחֶסֶד וְרַחֲמִים, עָלֵינוּ וְעַל כָּל יִשְׂרָאֵל עַמֶּךָ. בָּרְכֵנוּ, אָבִינוּ, כֻּלָּנוּ כְּאֶחָד בְּאוֹר פָּנֶיךָ, כִּי בְאוֹר פָּנֶיךָ נָתַתָּ לָּנוּ, יְיָ אֱלֹהֵינוּ, תּוֹרַת חַיִּים וְאַהֲבַת חֶסֶד, וּצְדָקָה וּבְרָכָה וְרַחֲמִים וְחַיִּים

וְשָׁלוֹם, וְטוֹב בְּעֵינֶיךָ לְבָרֵךְ אֶת עַמְּךָ יִשְׂרָאֵל בְּכָל עֵת וּבְכָל שָׁעָה בִּשְׁלוֹמֶךָ:

בְּסֵפֶר חַיִּים בְּרָכָה וְשָׁלוֹם, וּפַרְנָסָה טוֹבָה, נִזָּכֵר וְנִכָּתֵב לְפָנֶיךָ, אֲנַחְנוּ וְכָל עַמְּךָ בֵּית יִשְׂרָאֵל, לְחַיִּים טוֹבִים וּלְשָׁלוֹם:

בָּרוּךְ אַתָּה יְיָ, עוֹשֶׂה הַשָּׁלוֹם:

יִהְיוּ לְרָצוֹן אִמְרֵי פִי וְהֶגְיוֹן לִבִּי לְפָנֶיךָ, יְיָ צוּרִי וְגוֹאֲלִי:

אֱלֹהַי, נְצוֹר לְשׁוֹנִי מֵרָע. וּשְׂפָתַי מִדַּבֵּר מִרְמָה. וְלִמְקַלְלַי נַפְשִׁי תִדֹּם, וְנַפְשִׁי כֶּעָפָר לַכֹּל תִּהְיֶה. פְּתַח לִבִּי בְּתוֹרָתֶךָ, וּבְמִצְוֹתֶיךָ תִּרְדּוֹף נַפְשִׁי.

וְכָל הַחוֹשְׁבִים עָלַי רָעָה, מְהֵרָה הָפֵר עֲצָתָם וְקַלְקֵל מַחֲשַׁבְתָּם. עֲשֵׂה לְמַעַן שְׁמֶךָ, עֲשֵׂה לְמַעַן יְמִינֶךָ, עֲשֵׂה לְמַעַן קְדֻשָּׁתֶךָ. עֲשֵׂה לְמַעַן תּוֹרָתֶךָ. לְמַעַן יֵחָלְצוּן יְדִידֶיךָ, הוֹשִׁיעָה יְמִינְךָ וַעֲנֵנִי. יִהְיוּ לְרָצוֹן אִמְרֵי פִי וְהֶגְיוֹן לִבִּי לְפָנֶיךָ, יְיָ צוּרִי וְגוֹאֲלִי. עֹשֶׂה שָׁלוֹם בִּמְרוֹמָיו, הוּא יַעֲשֶׂה שָׁלוֹם עָלֵינוּ, וְעַל כָּל יִשְׂרָאֵל וְאִמְרוּ אָמֵן:

יְהִי רָצוֹן מִלְּפָנֶיךָ, יְיָ אֱלֹהֵינוּ וֵאלֹהֵי אֲבוֹתֵינוּ, שֶׁיִּבָּנֶה בֵּית הַמִּקְדָּשׁ בִּמְהֵרָה בְיָמֵינוּ, וְתֵן חֶלְקֵנוּ בְּתוֹרָתֶךָ, וְשָׁם נַעֲבָדְךָ בְּיִרְאָה כִּימֵי עוֹלָם וּכְשָׁנִים קַדְמוֹנִיּוֹת. וְעָרְבָה לַייָ מִנְחַת יְהוּדָה וִירוּשָׁלָיִם כִּימֵי עוֹלָם וּכְשָׁנִים קַדְמוֹנִיּוֹת:

חזרת הש״ץ ליום ב׳ בעמוד 264

חזרת הש״ץ לתפלת מוסף ליום א׳

פותחין הארון

כִּי שֵׁם יְיָ אֶקְרָא, הָבוּ גֹדֶל לֵאלֹהֵינוּ:
אֲדֹנָי שְׂפָתַי תִּפְתָּח, וּפִי יַגִּיד תְּהִלָּתֶךָ:

בָּרוּךְ אַתָּה יְיָ אֱלֹהֵינוּ וֵאלֹהֵי אֲבוֹתֵינוּ, אֱלֹהֵי אַבְרָהָם, אֱלֹהֵי יִצְחָק, וֵאלֹהֵי יַעֲקֹב. הָאֵל הַגָּדוֹל הַגִּבּוֹר וְהַנּוֹרָא, אֵל עֶלְיוֹן, גּוֹמֵל חֲסָדִים טוֹבִים, וְקוֹנֵה הַכֹּל, וְזוֹכֵר חַסְדֵי אָבוֹת, וּמֵבִיא גוֹאֵל לִבְנֵי בְנֵיהֶם לְמַעַן שְׁמוֹ בְּאַהֲבָה:

מִסּוֹד חֲכָמִים וּנְבוֹנִים, וּמִלֶּמֶד דַּעַת מְבִינִים, אֶפְתְּחָה פִי בִּתְפִלָּה וּבְתַחֲנוּנִים, לְחַלּוֹת וּלְחַנֵּן פְּנֵי מֶלֶךְ מַלְכֵי הַמְּלָכִים וַאֲדוֹנֵי הָאֲדוֹנִים:

סוגרין הארון

אֶפֶד מֵאָז לְשֶׁפֶט הַיּוֹם, בְּחוֹן מַעֲשֵׂה כָל יוֹם, גִּישַׁת יְקוּמִים פְּנֵי אָיוֹם, דִּינָם בּוֹ לְפַלֵּם לְפִדְיוֹם. הָרִאשׁוֹן אָדָם בּוֹ נוֹצָר, וְצִוָּה חֹק וְלֹא נָצָר, זֶה מֵלִיץ כְּהִרְחִיב בַּצָּר, חֲקָקוֹ לַמִּשְׁפָּט וְלַדּוֹרוֹת מֵנְצָר. טִיעַת חוֹצֵב גְּבָעוֹת וְצוּרִים, יֻלְּדוּ בוֹ מֵרֹאשׁ צוּרִים, כְּיוֹשְׁבֵי נְטָעִים הֵמָּה הַיּוֹצְרִים, לְלַמֵּד בּוֹ צֶדֶק לַעֲצוּרִים. מְיוּחָס שְׁמוֹ בְּשֵׁם אֵיתָנִים, נֵס לְהִתְנוֹסֵס עֶלְיוֹנִים וְתַחְתּוֹנִים, סְפָרִים נִפְתָּחִים וּמַעֲשִׂים מִתַּנִּים, עוֹבְרִים לְפָנֶיךָ וְחֶשְׁבּוֹן נוֹתְנִים. פְּקִיד הוּכַן לְתִקּוּן מוֹעֲדֶיךָ, צֹאן לְהַעֲבִיר בַּשֵּׁבֶט עֵדֶיךָ. חזן: קֶרֶן בִּמְשָׁכֵם (לשבת: קֶרֶן בְּזָכְרָם) הַיּוֹם עֵדֶיךָ, רַחוּם זְכוֹר שְׁבוּעַת עֲבָדֶיךָ:

נַעֲלֶה (לשבת: זִכְרוֹן) שׁוֹפָר עִם תַּחֲנוּן, שַׁדַּי לְפַתּוֹתְךָ בָּם כְּחִנּוּן. חזן: תָּשִׁיב לְנֶדֶן בֶּרֶק הַשָּׁנוּן, תַּחֲזִיק מָגֵן לְגוֹנְנִי כְּגִנּוּן:

זָכְרֵנוּ לְחַיִּים, מֶלֶךְ חָפֵץ בַּחַיִּים, וְכָתְבֵנוּ בְּסֵפֶר הַחַיִּים, לְמַעַנְךָ אֱלֹהִים חַיִּים:

מֶלֶךְ עוֹזֵר וּמוֹשִׁיעַ וּמָגֵן. בָּרוּךְ אַתָּה יְיָ, מָגֵן אַבְרָהָם:

אַתָּה גִּבּוֹר לְעוֹלָם אֲדֹנָי, מְחַיֵּה מֵתִים אַתָּה, רַב לְהוֹשִׁיעַ:

מְכַלְכֵּל חַיִּים בְּחֶסֶד, מְחַיֵּה מֵתִים בְּרַחֲמִים רַבִּים, סוֹמֵךְ נוֹפְלִים, וְרוֹפֵא חוֹלִים, וּמַתִּיר אֲסוּרִים, וּמְקַיֵּם אֱמוּנָתוֹ לִישֵׁנֵי עָפָר. מִי כָמוֹךָ, בַּעַל גְּבוּרוֹת, וּמִי דּוֹמֶה לָּךְ, מֶלֶךְ מֵמִית וּמְחַיֶּה וּמַצְמִיחַ יְשׁוּעָה:

תִּכֵּן בְּמָכוֹן לָכֶם שֶׁבֶת, שְׁעוֹן וּמוּסָר
כְּעָלוּ בְּמַחֲשֶׁבֶת, רָם, תְּהִי אָזְנְךָ קַשֶּׁבֶת,
קוֹל שׁוֹפָר שַׁוְעוֹת מְנוּשֶׁבֶת. צָרַת אֹמֶר
לֹא יָדוֹן, פַּעֲמַיִם לֹא תָקוּם לַאֲבַדּוֹן,
עוֹלָם אֲשֶׁר בְּאַרְבָּעָה נִדּוֹן, סְמוֹךְ
בְּחַסְדְּךָ וּבַאֲמִתְּךָ אָדוֹן. נוֹעָדִים בְּיוֹם
קְרָב וְנִלְחָמִים, מוּל אֶבֶן נֶגֶף מִתְלַחֲמִים,
לְיַבּוּב תְּרוּעָתָם שְׁעֵה מִמְּרוֹמִים, כִּסֵּא
דִין לְהָמִיר בְּשֶׁל רַחֲמִים. יָחִיד אֲשֶׁר
בְּעָקֵד נִשְׁפָּט, טְלָאָיו בּוֹ יְחֻנְּנוּ
מִלְּהִשָּׁפֵט, חָלִילָה לְּךָ אֱלֹהֵי הַמִּשְׁפָּט,
זְכוֹר לֹא יַעֲשֶׂה מִשְׁפָּט. וְאִם כְּאָדָם
עָבְרוּ בְרִית, הָאֵל כְּאֵל הַבֵּט לַבְּרִית.
חזן: דִּבְּרוֹת אֵלֶּה דִּבְרֵי הַבְּרִית, גַּלֵּה
בְּזִכְרוֹן שְׁלוֹשׁ בְּרִית:

עוֹלָם בְּבַקָּרְךָ בְּרֹאשׁ הַשָּׁנָה, בְּהַכְרָעַת צֶדֶק תַּכְרִיעַ שָׁנָה. חזן: **אֲסוּמָה טְלוּלָה, גְּשׁוּמָה אִם שְׁחוּנָה, אֲטוּמִים לְהַחֲיוֹת בְּטַלְלֵי שֵׁנָה:**

מִי כָמוֹךָ אַב הָרַחֲמִים זוֹכֵר יְצוּרָיו לְחַיִּים בְּרַחֲמִים:

וְנֶאֱמָן אַתָּה לְהַחֲיוֹת מֵתִים. בָּרוּךְ אַתָּה יְיָ, מְחַיֵּה הַמֵּתִים:

אַף אֹרַח מִשְׁפָּטֶיךָ יְיָ קִוִּינוּךָ, תַּאֲוַת לֵב בַּצַּר פְּקָדְנוּךָ, בָּרֵי לֵבָב מֵאֶתְמוֹל קִדַּמְנוּךָ, שׁוֹפַר תְּרוּעָה טֶרֶם שִׁמַּעְנוּךָ. גְּזֵרָה חֻקַּת מִיצִירַת בְּרֵאשִׁית, רֹאשׁ דְּרָכְךָ תְּשׁוּבָה לְהָשִׁית, דִּין טֶרֶם הָעֱרַךְ מֵרֵאשִׁית, קָדְמָה לְמַלֵּט שׁוֹבָבִים מֵחֲרִישִׁית. הַיּוֹצֵר יַחַד שְׁנֵי לִבְבֵיהֶם,

צוֹפֶה וּמַבִּיט סַרְעַף קְרָבֵיהֶם, וְאִם אָוֶן נִרְאָה בְּמַחֲבוֹאֵיהֶם, פָּקוֹד תִּפְקוֹד לָמוֹ קְרוֹבֵיהֶם. זֶכֶר הֲסָרַת שֶׁכֶם מִסֵּבֶל, עֶבֶד כְּהֶחְפַּשׂ מֵעִנּוּי כֶּבֶל, חֲנִיטָיו אִם תְּעָתְעוּ בְתֶבֶל, שִׂיחוֹ יְחוֹנְנֵם לְחַיֵּי הֶבֶל. טְמִינַת לֵב וּנְקִימַת קֵץ, נִדָּחִים לֶאֱסוֹף בּוֹ בְקֵץ, יוֹם מוּכָן עִתִּים לְהָקֵץ, מִיָּמִים יָמִימָה וּמִקֵּץ לְקֵץ. כֶּסֶא לְהַקְפּוֹת חֹדֶשׁ לָקוֹב, כְּסוּחִים בְּלַהֲטוֹ לְהַבְהֵב לִרְקוֹב, לְהָסִיר מִכְשׁוֹל מִלֵּב הֶעָקוֹב, לְהִזָּכֵר לְאַבְרָהָם לְיִצְחָק וּלְיַעֲקֹב:

יִמְלוֹךְ יְיָ לְעוֹלָם, אֱלֹהַיִךְ צִיּוֹן לְדֹר וָדֹר, הַלְלוּיָהּ:

וְאַתָּה קָדוֹשׁ, יוֹשֵׁב תְּהִלּוֹת יִשְׂרָאֵל, אֵל נָא:

חז"ק: **אֵל** אֱמוּנָה בְּעָרְכְּךָ דִין, אִם תְּמַצֶּה עֹמֶק הַדִּין, מִי יִצְדַּק לְפָנֶיךָ בַּדִּין, קָדוֹשׁ:

חז"ק: **אִם** לֹא לְמַעֲנוֹ יַעַשׂ, וְיָסִיר מֶנּוּ חֲרוֹן אַף וָכַעַס, אֵין לְבַקֵּר וְלִמְצוֹא מַעַשׂ, קָדוֹשׁ:

פותחין הארון

וּבְכֵן וַיְהִי בִישֻׁרוּן מֶלֶךְ:

מֶלֶךְ עֶלְיוֹן: אֵל דָּר בַּמָּרוֹם, אַדִּיר בַּמָּרוֹם, אֹמֶץ יָדוֹ תָּרוֹם. לַעֲדֵי עַד יִמְלוֹךְ.

מֶלֶךְ עֶלְיוֹן: גִּבּוֹר לְהָקִים, גּוֹזֵר וּמֵקִים, גּוֹלֶה עֲמוּקִים. לַעֲדֵי עַד יִמְלוֹךְ.

מֶלֶךְ עֶלְיוֹן: הַמְדַבֵּר בִּצְדָקָה, הַלּוֹבֵשׁ צְדָקָה, הַמַּאֲזִין צְעָקָה. לַעֲדֵי עַד יִמְלוֹךְ.

מֶלֶךְ עֶלְיוֹן: זוֹכֵר צוּרִים, זַכּוּת יְצוּרִים, זוֹעֵם צָרִים. לַעֲדֵי עַד יִמְלוֹךְ.

מֶלֶךְ עֶלְיוֹן: טוֹב שׁוֹכֵן עַד, טוּבוֹ לָעַד, טִפַּח שְׁמֵי עַד. לַעֲדֵי עַד יִמְלוֹךְ.

מֶלֶךְ עֶלְיוֹן: כַּשַּׂלְמָה עֹטֶה אוֹר, כָּל מְאוֹרֵי אוֹר, כַּבִּיר וְנָאוֹר. לַעֲדֵי עַד יִמְלוֹךְ.

מֶלֶךְ עֶלְיוֹן: מֶלֶךְ עוֹלָמִים, מְפַעֲנֵחַ נֶעֱלָמִים, מֵשִׂיחַ אִלְּמִים. לַעֲדֵי עַד יִמְלוֹךְ.

מֶלֶךְ עֶלְיוֹן: סוֹבֵל הַכֹּל, סָב וּמְכַלֶּה כֹּל, סוֹקֵר הַכֹּל. לַעֲדֵי עַד יִמְלוֹךְ.

מֶלֶךְ עֶלְיוֹן: פְּאֵרוֹ עֹז, פֹּעַל יְמִינוֹ תָּעֹז, פּוֹדֶה וּמָעֹז. לַעֲדֵי עַד יִמְלוֹךְ.

מֶלֶךְ עֶלְיוֹן: קְדוֹשָׁיו לַהַב, קוֹרֵא מֵי רַהַב, קָרוֹב לְקוֹרְאָיו בְּאַהַב. לַעֲדֵי עַד יִמְלוֹךְ.

מֶלֶךְ עֶלְיוֹן: שֵׁנָה אֵין לְפָנָיו, שֶׁקֶט בִּפְנִינָיו, שֶׁבַח טוֹב בְּמַצְפּוּנָיו. לַעֲדֵי עַד יִמְלוֹךְ.

סוגרין הארון

מֶלֶךְ אֶבְיוֹן: כָּלָה וְיָרַד שַׁחַת, בִּשְׁאוֹל וּבְתַחַת, בְּלֵאוּת בְּלִי נַחַת, עַד מָתַי יִמְלוֹךְ.

מֶלֶךְ אֶבְיוֹן: תְּנוּמָה תְּעוֹפְפֶנּוּ, תַּרְדֵּמָה תְּעוֹפְפֶנּוּ, תֹּהוּ יְשׁוּפֶנּוּ, עַד מָתַי יִמְלוֹךְ.

פותחין הארון

אֲבָל מֶלֶךְ עֶלְיוֹן: תָּקְפּוֹ לָעַד, תִּפְאַרְתּוֹ עֲדֵי עַד, תְּהִלָּתוֹ עוֹמֶדֶת לָעַד. לַעֲדֵי עַד יִמְלוֹךְ:

וּבְכֵן וּלְךָ תַעֲלֶה קְדֻשָּׁה, כִּי אַתָּה אֱלֹהֵינוּ מֶלֶךְ:

וּנְתַנֶּה תֹּקֶף קְדֻשַּׁת הַיּוֹם, כִּי הוּא נוֹרָא וְאָיוֹם. וּבוֹ תִנָּשֵׂא מַלְכוּתֶךָ, וְיִכּוֹן בְּחֶסֶד כִּסְאֶךָ, וְתֵשֵׁב עָלָיו בֶּאֱמֶת. אֱמֶת כִּי אַתָּה הוּא דַיָּן וּמוֹכִיחַ, וְיוֹדֵעַ וָעֵד, וְכוֹתֵב וְחוֹתֵם, וְסוֹפֵר וּמוֹנֶה, וְתִזְכּוֹר כָּל הַנִּשְׁכָּחוֹת.

וְתִפְתַּח אֶת סֵפֶר הַזִּכְרוֹנוֹת, וּמֵאֵלָיו יִקָּרֵא, וְחוֹתָם יַד כָּל אָדָם בּוֹ. וּבַשּׁוֹפָר גָּדוֹל יִתָּקַע, וְקוֹל דְּמָמָה דַקָּה יִשָּׁמַע. וּמַלְאָכִים יֵחָפֵזוּן, וְחִיל וּרְעָדָה יֹאחֵזוּן, וְיֹאמְרוּ הִנֵּה יוֹם הַדִּין, לִפְקוֹד עַל צְבָא מָרוֹם בַּדִּין, כִּי לֹא יִזְכּוּ בְעֵינֶיךָ בַּדִּין. וְכָל בָּאֵי עוֹלָם יַעַבְרוּן לְפָנֶיךָ כִּבְנֵי מָרוֹן.

חזן: כְּבַקָּרַת רוֹעֶה עֶדְרוֹ, מַעֲבִיר צֹאנוֹ תַּחַת שִׁבְטוֹ, כֵּן תַּעֲבִיר וְתִסְפּוֹר וְתִמְנֶה, וְתִפְקוֹד נֶפֶשׁ

כָּל חַי, וְתַחְתּוֹךְ קִצְבָה לְכָל בְּרִיּוֹתֶיךָ, וְתִכְתּוֹב אֶת גְּזַר דִּינָם:

בְּרֹאשׁ הַשָּׁנָה יִכָּתֵבוּן, וּבְיוֹם צוֹם כִּפּוּר יֵחָתֵמוּן, כַּמָּה יַעַבְרוּן, וְכַמָּה יִבָּרֵאוּן. מִי יִחְיֶה, וּמִי יָמוּת. מִי בְקִצּוֹ, וּמִי לֹא בְקִצּוֹ. מִי בַמַּיִם וּמִי בָאֵשׁ. מִי בַחֶרֶב, וּמִי בַחַיָּה. מִי בָרָעָב, וּמִי בַצָּמָא. מִי בָרַעַשׁ, וּמִי בַמַּגֵּפָה. מִי בַחֲנִיקָה, וּמִי בַסְּקִילָה. מִי יָנוּחַ, וּמִי יָנוּעַ. מִי יִשָּׁקֵט, וּמִי יִטָּרֵף. מִי יִשָּׁלֵו, וּמִי יִתְיַסָּר. מִי יֵעָנִי, וּמִי יֵעָשֵׁר. מִי יִשָּׁפֵל, וּמִי יָרוּם:

וּתְשׁוּבָה וּתְפִלָּה וּצְדָקָה מַעֲבִירִין אֶת רֹעַ הַגְּזֵרָה:

קהל: כִּי כְּשִׁמְךָ כֵּן תְּהִלָּתֶךָ, קָשֶׁה לִכְעוֹס וְנוֹחַ לִרְצוֹת. כִּי לֹא תַחְפּוֹץ בְּמוֹת הַמֵּת, כִּי אִם בְּשׁוּבוֹ מִדַּרְכּוֹ וְחָיָה. וְעַד יוֹם מוֹתוֹ תְּחַכֶּה לוֹ, אִם יָשׁוּב מִיַּד תְּקַבְּלוֹ. חזן: אֱמֶת כִּי אַתָּה הוּא יוֹצְרָם, וְאַתָּה יוֹדֵעַ יִצְרָם, כִּי הֵם בָּשָׂר וָדָם. אָדָם יְסוֹדוֹ מֵעָפָר וְסוֹפוֹ לֶעָפָר: בְּנַפְשׁוֹ יָבִיא לַחְמוֹ. מָשׁוּל כְּחֶרֶס הַנִּשְׁבָּר, כְּחָצִיר יָבֵשׁ, וּכְצִיץ נוֹבֵל, וּכְצֵל עוֹבֵר, וּכְעָנָן כָּלָה, וּכְרוּחַ נוֹשָׁבֶת, וּכְאָבָק פּוֹרֵחַ, וְכַחֲלוֹם יָעוּף:

וְאַתָּה הוּא מֶלֶךְ אֵל חַי וְקַיָּם:

סוגרין הארון

אֵין קִצְבָה לִשְׁנוֹתֶיךָ, וְאֵין קֵץ לְאֹרֶךְ יָמֶיךָ: וְאֵין לְשַׁעֵר מַרְכְּבוֹת כְּבוֹדֶךָ, וְאֵין לְפָרֵשׁ עֵילוּם שְׁמֶךָ: שִׁמְךָ נָאֶה לְךָ וְאַתָּה נָאֶה לִשְׁמֶךָ, וּשְׁמֵנוּ קָרָאתָ בִּשְׁמֶךָ:

עֲשֵׂה לְמַעַן שְׁמֶךָ, וְקַדֵּשׁ אֶת שִׁמְךָ עַל מַקְדִּישֵׁי שְׁמֶךָ, בַּעֲבוּר כְּבוֹד שִׁמְךָ הַנַּעֲרָץ וְהַנִּקְדָּשׁ, כְּסוֹד שִׂיחַ שַׂרְפֵי קֹדֶשׁ, הַמַּקְדִּישִׁים שִׁמְךָ בַּקֹּדֶשׁ, דָּרֵי מַעְלָה עִם דָּרֵי מַטָּה, קוֹרְאִים וּמְשַׁלְּשִׁים בְּשִׁלּוּשׁ קְדֻשָּׁה בַּקֹּדֶשׁ:

כַּכָּתוּב עַל יַד נְבִיאֶךָ, וְקָרָא זֶה אֶל זֶה וְאָמַר: קו"ח: קָדוֹשׁ, קָדוֹשׁ, קָדוֹשׁ

יְיָ צְבָאוֹת, מְלֹא כָל הָאָרֶץ כְּבוֹדוֹ: חזן: כְּבוֹדוֹ מָלֵא עוֹלָם, מְשָׁרְתָיו שׁוֹאֲלִים זֶה לָזֶה אַיֵּה מְקוֹם כְּבוֹדוֹ, לְעֻמָּתָם בָּרוּךְ יֹאמֵרוּ: קו״ח: בָּרוּךְ כְּבוֹד יְיָ מִמְּקוֹמוֹ: חזן: מִמְּקוֹמוֹ הוּא יִפֶן בְּרַחֲמִים, וְיָחֹן עַם הַמְיַחֲדִים שְׁמוֹ עֶרֶב וָבֹקֶר, בְּכָל יוֹם תָּמִיד, פַּעֲמַיִם בְּאַהֲבָה שְׁמַע אוֹמְרִים: קו״ח: שְׁמַע יִשְׂרָאֵל, יְיָ אֱלֹהֵינוּ, יְיָ אֶחָד. הוּא אֱלֹהֵינוּ, הוּא אָבִינוּ, הוּא מַלְכֵּנוּ, הוּא מוֹשִׁיעֵנוּ, וְהוּא יַשְׁמִיעֵנוּ בְּרַחֲמָיו שֵׁנִית לְעֵינֵי כָּל חָי, לִהְיוֹת לָכֶם לֵאלֹהִים, אֲנִי יְיָ אֱלֹהֵיכֶם: קו״ח: אַדִּיר אַדִּירֵנוּ, יְיָ אֲדֹנֵינוּ, מָה

אַדִּיר שִׁמְךָ בְּכָל הָאָרֶץ. וְהָיָה יְיָ לְמֶלֶךְ עַל כָּל הָאָרֶץ, בַּיּוֹם הַהוּא יִהְיֶה יְיָ אֶחָד וּשְׁמוֹ אֶחָד. וּבְדִבְרֵי קָדְשְׁךָ כָּתוּב לֵאמֹר: קו"ח: יִמְלֹךְ יְיָ לְעוֹלָם, אֱלֹהַיִךְ צִיּוֹן לְדֹר וָדֹר, הַלְלוּיָהּ:

לְדוֹר וָדוֹר נַגִּיד גָּדְלֶךָ, וּלְנֵצַח נְצָחִים קְדֻשָּׁתְךָ נַקְדִּישׁ, וְשִׁבְחֲךָ אֱלֹהֵינוּ מִפִּינוּ לֹא יָמוּשׁ לְעוֹלָם וָעֶד, כִּי אֵל מֶלֶךְ גָּדוֹל וְקָדוֹשׁ אָתָּה:

חֲמוֹל עַל מַעֲשֶׂיךָ, וְתִשְׂמַח בְּמַעֲשֶׂיךָ, וְיֹאמְרוּ לְךָ חוֹסֶיךָ, בְּצַדֶּקְךָ עֲמוּסֶיךָ, תֻּקְדַּשׁ אָדוֹן עַל כָּל מַעֲשֶׂיךָ. כִּי מַקְדִּישֶׁיךָ בִּקְדֻשָּׁתְךָ קִדַּשְׁתָּ, נָאֶה לְקָדוֹשׁ פְּאֵר מִקְּדוֹשִׁים:

וּבְכֵן יִתְקַדַּשׁ שִׁמְךָ יְיָ אֱלֹהֵינוּ עַל יִשְׂרָאֵל עַמֶּךָ, וְעַל יְרוּשָׁלַיִם עִירֶךָ, וְעַל צִיּוֹן מִשְׁכַּן

כְּבוֹדֶךָ, וְעַל מַלְכוּת בֵּית דָּוִד מְשִׁיחֶךָ, וְעַל מְכוֹנְךָ וְהֵיכָלֶךָ:

עוֹד יִזְכּוֹר לָנוּ, אַהֲבַת אֵיתָן, אֲדוֹנֵנוּ, וּבַבֵּן הַנֶּעֱקַד יַשְׁבִּית מְדַיְּנֵנוּ, וּבִזְכוּת הַתָּם יוֹצִיא אָיוֹם לְצֶדֶק דִּינֵנוּ, כִּי קָדוֹשׁ הַיּוֹם לַאֲדוֹנֵינוּ:

בְּאֵין מֵלִיץ יֹשֶׁר מוּל מַגִּיד פֶּשַׁע, תַּגִּיד לְיַעֲקֹב דְּבַר חֹק וּמִשְׁפָּט, וְצַדְּקֵנוּ בַּמִּשְׁפָּט, הַמֶּלֶךְ הַמִּשְׁפָּט:

פותחין הארון

הָאוֹחֵז בְּיַד מִדַּת מִשְׁפָּט:

וְכֹל מַאֲמִינִים שֶׁהוּא אֵל אֱמוּנָה,

הַבּוֹחֵן וּבוֹדֵק גִּנְזֵי נִסְתָּרוֹת:

וְכֹל מַאֲמִינִים שֶׁהוּא בּוֹחֵן כְּלָיוֹת,

הַגּוֹאֵל מִמָּוֶת, וּפוֹדֶה מִשַּׁחַת:

וְכֹל מַאֲמִינִים שֶׁהוּא גּוֹאֵל חָזָק,
הַדָּן יְחִידִי לְבָאֵי עוֹלָם:
וְכֹל מַאֲמִינִים שֶׁהוּא דַּיָּן אֱמֶת,
הֶהָגוּי בְּאֶהְיֶה אֲשֶׁר אֶהְיֶה:
וְכֹל מַאֲמִינִים שֶׁהוּא הָיָה הֹוֶה
וְיִהְיֶה, הַוַּדַּאי שְׁמוֹ כֵּן תְּהִלָּתוֹ:
וְכֹל מַאֲמִינִים שֶׁהוּא וְאֵין בִּלְתּוֹ,
הַזּוֹכֵר לְמַזְכִּירָיו טוֹבוֹת זִכְרוֹנוֹת:
וְכֹל מַאֲמִינִים שֶׁהוּא זוֹכֵר הַבְּרִית,
הַחוֹתֵךְ חַיִּים לְכָל חָי:
וְכֹל מַאֲמִינִים שֶׁהוּא חַי וְקַיָּם,
הַטּוֹב, וּמֵטִיב לָרָעִים וְלַטּוֹבִים:
וְכֹל מַאֲמִינִים שֶׁהוּא טוֹב לַכֹּל,
הַיּוֹדֵעַ יֵצֶר כָּל יְצוּרִים:

וְכֹל מַאֲמִינִים שֶׁהוּא יוֹצְרָם בַּבֶּטֶן,
הַכֹּל יָכוֹל וְכוֹלְלָם יָחַד:
וְכֹל מַאֲמִינִים שֶׁהוּא כֹּל יָכוֹל,
הַלָּן בְּסֵתֶר בְּצֵל, שַׁדַּי:
וְכֹל מַאֲמִינִים שֶׁהוּא לְבַדּוֹ הוּא,
הַמַּמְלִיךְ מְלָכִים, וְלוֹ הַמְּלוּכָה:
וְכֹל מַאֲמִינִים שֶׁהוּא מֶלֶךְ עוֹלָם,
הַנּוֹהֵג בְּחַסְדּוֹ כָּל דּוֹר:
וְכֹל מַאֲמִינִים שֶׁהוּא נוֹצֵר חֶסֶד,
הַסּוֹבֵל, וּמַעְלִים עַיִן מִסּוֹרְרִים:
וְכֹל מַאֲמִינִים שֶׁהוּא סוֹלֵחַ סֶלָה,
הָעֶלְיוֹן, וְעֵינוֹ אֶל יְרֵאָיו:
וְכֹל מַאֲמִינִים שֶׁהוּא עוֹנֶה לָחַשׁ,
הַפּוֹתֵחַ שַׁעַר לְדוֹפְקֵי בִּתְשׁוּבָה:

וְכֹל מַאֲמִינִים שֶׁהוּא פּוֹתֵחַ יָדוֹ,
הַצּוֹפֶה לָרָשָׁע, וְחָפֵץ בְּהִצָּדְקוֹ:
וְכֹל מַאֲמִינִים שֶׁהוּא צַדִּיק וְיָשָׁר,
הַקְּצַר בְּזַעַם, וּמַאֲרִיךְ אַף:
וְכֹל מַאֲמִינִים שֶׁהוּא קָשֶׁה לִכְעוֹס,
הָרַחוּם, וּמַקְדִּים רַחֲמִים לְרֹגֶז:
וְכֹל מַאֲמִינִים שֶׁהוּא רַךְ לִרְצוֹת,
הַשָּׁוֶה, וּמַשְׁוֶה קָטֹן וְגָדוֹל:
וְכֹל מַאֲמִינִים שֶׁהוּא שׁוֹפֵט צֶדֶק,
הַתָּם, וּמִתַּמֵּם עִם תְּמִימִים:
וְכֹל מַאֲמִינִים שֶׁהוּא תָּמִים פָּעֳלוֹ:
תִּשְׂגַּב לְבַדֶּךָ, וְתִמְלֹךְ עַל כֹּל בְּיִחוּד, כַּכָּתוּב עַל יַד נְבִיאֶךָ: וְהָיָה יְיָ לְמֶלֶךְ עַל כָּל הָאָרֶץ, בַּיּוֹם הַהוּא יִהְיֶה יְיָ אֶחָד וּשְׁמוֹ אֶחָד:

סוגרין הארון

יש מוסיפים אנא בכח

אָנָּא בְּכֹחַ גְּדֻלַּת יְמִינְךָ תַּתִּיר צְרוּרָה: קַבֵּל רִנַּת עַמְּךָ שַׂגְּבֵנוּ טַהֲרֵנוּ נוֹרָא: נָא גִבּוֹר דּוֹרְשֵׁי יִחוּדְךָ כְּבָבַת שָׁמְרֵם: בָּרְכֵם טַהֲרֵם רַחֲמֵם צִדְקָתְךָ תָּמִיד גָּמְלֵם: חֲסִין קָדוֹשׁ בְּרוֹב טוּבְךָ נַהֵל עֲדָתֶךָ. יָחִיד גֵּאֶה לְעַמְּךָ פְּנֵה זוֹכְרֵי קְדֻשָּׁתֶךָ: שַׁוְעָתֵנוּ קַבֵּל וּשְׁמַע צַעֲקָתֵנוּ יוֹדֵעַ תַּעֲלֻמוֹת: בָּרוּךְ שֵׁם כְּבוֹד מַלְכוּתוֹ לְעוֹלָם וָעֶד:

בְּשִׁמְךָ שַׁדַּי יְיָ צְבָאוֹת שֶׁתַּעֲשֶׂה שְׁאֵלָתִי וּבַקָּשָׁתִי. וְהָיָה יְיָ לְמֶלֶךְ עַל כָּל הָאָרֶץ, בַּיּוֹם הַהוּא יִהְיֶה יְיָ אֶחָד וּשְׁמוֹ אֶחָד:

וּבְכֵן תֵּן פַּחְדְּךָ יְיָ אֱלֹהֵינוּ, עַל כָּל מַעֲשֶׂיךָ, וְאֵימָתְךָ עַל כָּל מַה שֶּׁבָּרָאתָ, וְיִירָאוּךָ כָּל הַמַּעֲשִׂים וְיִשְׁתַּחֲווּ לְפָנֶיךָ כָּל הַבְּרוּאִים, וְיֵעָשׂוּ כֻלָּם אֲגֻדָּה אֶחָת לַעֲשׂוֹת רְצוֹנְךָ בְּלֵבָב שָׁלֵם, כְּמוֹ שֶׁיָּדַעְנוּ יְיָ אֱלֹהֵינוּ, שֶׁהַשִּׁלְטָן לְפָנֶיךָ, עֹז בְּיָדְךָ וּגְבוּרָה בִּימִינֶךָ, וְשִׁמְךָ נוֹרָא עַל כָּל מַה שֶּׁבָּרָאתָ:

וּבְכֵן תֵּן כָּבוֹד, יְיָ לְעַמֶּךָ, תְּהִלָּה לִירֵאֶיךָ וְתִקְוָה טוֹבָה לְדוֹרְשֶׁיךָ, וּפִתְחוֹן פֶּה לַמְיַחֲלִים לָךְ, שִׂמְחָה לְאַרְצֶךָ וְשָׂשׂוֹן לְעִירֶךָ, וּצְמִיחַת קֶרֶן לְדָוִד עַבְדֶּךָ, וַעֲרִיכַת נֵר לְבֶן יִשַׁי מְשִׁיחֶךָ, בִּמְהֵרָה בְיָמֵינוּ:

וּבְכֵן צַדִּיקִים יִרְאוּ וְיִשְׂמָחוּ, וִישָׁרִים יַעֲלֹזוּ, וַחֲסִידִים בְּרִנָּה יָגִילוּ, וְעוֹלָתָה תִּקְפָּץ פִּיהָ, וְכָל הָרִשְׁעָה כֻּלָּהּ כְּעָשָׁן תִּכְלֶה, כִּי תַעֲבִיר מֶמְשֶׁלֶת זָדוֹן מִן הָאָרֶץ:

וְיֶאֱתָיוּ כֹּל לְעָבְדֶךָ, וִיבָרְכוּ שֵׁם כְּבוֹדֶךָ, וְיַגִּידוּ בָאִיִּים צִדְקֶךָ. וְיִדְרְשׁוּךָ עַמִּים לֹא יְדָעוּךָ, וִיהַלְלוּךָ כָּל אַפְסֵי אָרֶץ, וְיֹאמְרוּ תָמִיד יִגְדַּל יְיָ. וְיִזְבְּחוּ לְךָ אֶת זִבְחֵיהֶם, וְיִזְנְחוּ אֶת עֲצַבֵּיהֶם,

וְיַחְפְּרוּ עִם פְּסִילֵיהֶם. וְיַטּוּ שְׁכֶם אֶחָד לְעָבְדֶךָ, וְיִירָאוּךָ עִם שֶׁמֶשׁ מְבַקְשֵׁי פָנֶיךָ, וְיַכִּירוּ כֹּחַ מַלְכוּתֶךָ, וִילַמְּדוּ תוֹעִים בִּינָה. וִימַלְלוּ אֶת גְּבוּרָתֶךָ, וִינַשְּׂאוּךָ מִתְנַשֵּׂא לְכֹל לְרֹאשׁ, וִיסַלְּדוּ בְחִילָה פָּנֶיךָ, וִיעַטְּרוּךָ נֵזֶר תִּפְאָרָה. וְיִפְצְחוּ הָרִים רִנָּה, וְיִצְהֲלוּ אִיִּים בְּמָלְכֶךָ, וִיקַבְּלוּ עֹל מַלְכוּתְךָ עֲלֵיהֶם, וִירוֹמְמוּךָ בִּקְהַל עָם. וְיִשְׁמְעוּ רְחוֹקִים וְיָבוֹאוּ, וְיִתְּנוּ לְךָ כֶּתֶר מְלוּכָה:

וְתִמְלֹךְ, אַתָּה יְיָ לְבַדֶּךָ, עַל כָּל מַעֲשֶׂיךָ, בְּהַר צִיּוֹן מִשְׁכַּן כְּבוֹדֶךָ, וּבִירוּשָׁלַיִם עִיר קָדְשֶׁךָ, כַּכָּתוּב בְּדִבְרֵי קָדְשֶׁךָ, יִמְלֹךְ יְיָ לְעוֹלָם, אֱלֹהַיִךְ צִיּוֹן לְדֹר וָדֹר, הַלְלוּיָהּ:

קָדוֹשׁ אַתָּה וְנוֹרָא שְׁמֶךָ, וְאֵין אֱלוֹהַּ מִבַּלְעָדֶיךָ, כַּכָּתוּב, וַיִּגְבַּהּ יְיָ צְבָאוֹת בַּמִּשְׁפָּט, וְהָאֵל הַקָּדוֹשׁ נִקְדַּשׁ בִּצְדָקָה. בָּרוּךְ אַתָּה יְיָ, הַמֶּלֶךְ הַקָּדוֹשׁ:

אַתָּה בְחַרְתָּנוּ מִכָּל הָעַמִּים, אָהַבְתָּ אוֹתָנוּ וְרָצִיתָ בָּנוּ, וְרוֹמַמְתָּנוּ מִכָּל הַלְּשׁוֹנוֹת, וְקִדַּשְׁתָּנוּ בְּמִצְוֹתֶיךָ, וְקֵרַבְתָּנוּ מַלְכֵּנוּ לַעֲבוֹדָתֶךָ, וְשִׁמְךָ הַגָּדוֹל וְהַקָּדוֹשׁ עָלֵינוּ קָרָאתָ:

וַתִּתֶּן לָנוּ, יְיָ אֱלֹהֵינוּ, בְּאַהֲבָה אֶת יוֹם (לשבת: הַשַּׁבָּת הַזֶּה וְאֶת יוֹם) הַזִּכָּרוֹן הַזֶּה, יוֹם (לשבת: זִכְרוֹן) תְּרוּעָה (לשבת: בְּאַהֲבָה) מִקְרָא קֹדֶשׁ, זֵכֶר לִיצִיאַת מִצְרָיִם:

וּמִפְּנֵי חֲטָאֵינוּ גָּלִינוּ מֵאַרְצֵנוּ וְנִתְרַחַקְנוּ מֵעַל אַדְמָתֵנוּ, וְאֵין אֲנַחְנוּ יְכוֹלִים לַעֲשׂוֹת חוֹבוֹתֵינוּ בְּבֵית בְּחִירָתֶךָ, בַּבַּיִת הַגָּדוֹל וְהַקָּדוֹשׁ שֶׁנִּקְרָא שִׁמְךָ עָלָיו, מִפְּנֵי הַיָּד

שֶׁנִּשְׁתַּלְּחָה בְּמִקְדָּשֶׁךָ. יְהִי רָצוֹן מִלְּפָנֶיךָ, יְיָ אֱלֹהֵינוּ וֵאלֹהֵי אֲבוֹתֵינוּ, מֶלֶךְ רַחֲמָן, שֶׁתָּשׁוּב וּתְרַחֵם עָלֵינוּ וְעַל מִקְדָּשְׁךָ בְּרַחֲמֶיךָ הָרַבִּים, וְתִבְנֵהוּ מְהֵרָה וּתְגַדֵּל כְּבוֹדוֹ. אָבִינוּ מַלְכֵּנוּ, גַּלֵּה כְּבוֹד מַלְכוּתְךָ עָלֵינוּ מְהֵרָה, וְהוֹפַע וְהִנָּשֵׂא עָלֵינוּ לְעֵינֵי כָּל חָי, וְקָרֵב פְּזוּרֵינוּ מִבֵּין הַגּוֹיִם, וּנְפוּצוֹתֵינוּ כַּנֵּס מִיַּרְכְּתֵי אָרֶץ. וַהֲבִיאֵנוּ לְצִיּוֹן עִירְךָ בְּרִנָּה, וְלִירוּשָׁלַיִם בֵּית מִקְדָּשְׁךָ בְּשִׂמְחַת עוֹלָם, וְשָׁם נַעֲשֶׂה לְפָנֶיךָ אֶת קָרְבְּנוֹת חוֹבוֹתֵינוּ תְּמִידִים כְּסִדְרָם וּמוּסָפִים כְּהִלְכָתָם. וְאֶת מוּסְפֵי (לשבת: יוֹם הַשַּׁבָּת הַזֶּה וְ) יוֹם הַזִּכָּרוֹן הַזֶּה נַעֲשֶׂה וְנַקְרִיב לְפָנֶיךָ בְּאַהֲבָה כְּמִצְוַת רְצוֹנֶךָ, כְּמוֹ שֶׁכָּתַבְתָּ עָלֵינוּ בְּתוֹרָתֶךָ, עַל יְדֵי מֹשֶׁה עַבְדֶּךָ, מִפִּי כְבוֹדֶךָ, כָּאָמוּר:

לשבת: וּבְיוֹם הַשַּׁבָּת שְׁנֵי כְבָשִׂים בְּנֵי שָׁנָה תְּמִימִם, וּשְׁנֵי עֶשְׂרֹנִים סֹלֶת מִנְחָה בְּלוּלָה בַשֶּׁמֶן, וְנִסְכּוֹ. עֹלַת שַׁבַּת בְּשַׁבַּתּוֹ, עַל עֹלַת הַתָּמִיד וְנִסְכָּהּ:

וּבַחֹדֶשׁ הַשְּׁבִיעִי, בְּאֶחָד לַחֹדֶשׁ, מִקְרָא קֹדֶשׁ יִהְיֶה לָכֶם: כָּל מְלֶאכֶת עֲבֹדָה לֹא תַעֲשׂוּ, יוֹם תְּרוּעָה יִהְיֶה לָכֶם: וַעֲשִׂיתֶם עֹלָה לְרֵיחַ נִיחֹחַ לַיְיָ, פַּר בֶּן בָּקָר אֶחָד, אַיִל אֶחָד, כְּבָשִׂים בְּנֵי שָׁנָה שִׁבְעָה, תְּמִימִם:

וּמִנְחָתָם וְנִסְכֵּיהֶם כִּמְדֻבָּר, שְׁלֹשָׁה עֶשְׂרֹנִים לַפָּר, וּשְׁנֵי עֶשְׂרֹנִים לָאָיִל, וְעִשָּׂרוֹן לַכֶּבֶשׂ, וְיַיִן כְּנִסְכּוֹ, וּשְׁנֵי שְׂעִירִים לְכַפֵּר, וּשְׁנֵי תְמִידִים כְּהִלְכָתָם: מִלְּבַד עֹלַת הַחֹדֶשׁ וּמִנְחָתָהּ, וְעֹלַת הַתָּמִיד וּמִנְחָתָהּ, וְנִסְכֵּיהֶם כְּמִשְׁפָּטָם, לְרֵיחַ נִיחֹחַ אִשֶּׁה לַיְיָ:

לשבת: יִשְׂמְחוּ בְמַלְכוּתְךָ שׁוֹמְרֵי שַׁבָּת וְקוֹרְאֵי עֹנֶג, עַם מְקַדְּשֵׁי שְׁבִיעִי, כֻּלָּם יִשְׂבְּעוּ וְיִתְעַנְּגוּ מִטּוּבֶךָ: וּבַשְּׁבִיעִי רָצִיתָ בּוֹ וְקִדַּשְׁתּוֹ, חֶמְדַּת יָמִים אוֹתוֹ קָרָאתָ, זֵכֶר לְמַעֲשֵׂה בְרֵאשִׁית:

פותחין הארון

עָלֵינוּ לְשַׁבֵּחַ לַאֲדוֹן הַכֹּל, לָתֵת גְּדֻלָּה לְיוֹצֵר בְּרֵאשִׁית, שֶׁלֹּא עָשָׂנוּ כְּגוֹיֵי הָאֲרָצוֹת, וְלֹא שָׂמָנוּ כְּמִשְׁפְּחוֹת הָאֲדָמָה,

סוגרין הארון

שֶׁלֹּא שָׂם חֶלְקֵנוּ כָּהֶם, וְגוֹרָלֵנוּ כְּכָל הֲמוֹנָם.

פותחין הארון

וַאֲנַחְנוּ כּוֹרְעִים וּמִשְׁתַּחֲוִים וּמוֹדִים, לִפְנֵי מֶלֶךְ, מַלְכֵי הַמְּלָכִים, הַקָּדוֹשׁ בָּרוּךְ הוּא. שֶׁהוּא נוֹטֶה שָׁמַיִם וְיֹסֵד אָרֶץ, וּמוֹשַׁב יְקָרוֹ בַּשָּׁמַיִם מִמַּעַל, וּשְׁכִינַת עֻזּוֹ בְּגָבְהֵי מְרוֹמִים, הוּא אֱלֹהֵינוּ אֵין עוֹד. אֱמֶת מַלְכֵּנוּ אֶפֶס

זוּלָתוֹ, כַּכָּתוּב בְּתוֹרָתוֹ, וְיָדַעְתָּ הַיּוֹם וַהֲשֵׁבֹתָ אֶל לְבָבֶךָ, כִּי יְיָ הוּא הָאֱלֹהִים בַּשָּׁמַיִם מִמַּעַל, וְעַל הָאָרֶץ מִתָּחַת, אֵין עוֹד:

סוגרין הארון

אֱלֹהֵינוּ וֵאלֹהֵי אֲבוֹתֵינוּ, הֱיֵה עִם פִּיפִיּוֹת שְׁלוּחֵי עַמְּךָ בֵּית יִשְׂרָאֵל, הָעוֹמְדִים לְבַקֵּשׁ תְּפִלָּה וְתַחֲנוּנִים מִלְּפָנֶיךָ עַל עַמְּךָ בֵּית יִשְׂרָאֵל. הוֹרֵם מַה שֶּׁיֹּאמֵרוּ, הֲבִינֵם מַה שֶּׁיְּדַבֵּרוּ, הֲשִׁיבֵם מַה שֶּׁיִּשְׁאֲלוּ, יַדְּעֵם אֵיךְ יְפָאֵרוּ. בְּאוֹר פָּנֶיךָ יְהַלֵּכוּן, בֶּרֶךְ לְךָ יִכְרְעוּן, עַמְּךָ בְּפִיהֶם יְבָרֵכוּן, וּמִבִּרְכוֹת פִּיךָ כֻּלָּם יִתְבָּרְכוּן. עַמְּךָ לְפָנֶיךָ יַעֲבִירוּן, וְהֵם בַּתָּוֶךְ יַעֲבֹרוּן. עֵינֵי עַמְּךָ בָּם תְּלוּיוֹת, וְעֵינֵיהֶם לְךָ מְיַחֲלוֹת. גָּשִׁים מוּל אֲרוֹן הַקֹּדֶשׁ בְּאֵימָה, לְשַׁכֵּךְ כַּעַס וְחֵמָה,

וְעַמְּךָ מְסַבְּבִים אוֹתָם כַּחוֹמָה, וְאַתָּה מִן הַשָּׁמַיִם תַּשְׁגִּיחַ אוֹתָם לְרַחֲמָה. עַיִן נוֹשְׂאִים לְךָ לַשָּׁמַיִם, לֵב שׁוֹפְכִים נֹכַח כַּמַּיִם, וְאַתָּה תִּשְׁמַע מִן הַשָּׁמַיִם. שֶׁלֹּא יִכָּשְׁלוּ בִּלְשׁוֹנָם, וְלֹא יִנָּקְשׁוּ בִּשְׁנוּנָם, וְלֹא יֵבוֹשׁוּ בְּמַשְׁעֵנָם, וְלֹא יִכָּלְמוּ בָם שְׁאוֹנָם, וְאַל יֹאמַר פִּיהֶם דָּבָר שֶׁלֹּא כִרְצוֹנֶךָ. כִּי חֲנוּנֶיךָ, יְיָ אֱלֹהֵינוּ, הֵמָּה חֲנוּנִים, וּמְרֻחָמֶיךָ הֵמָּה מְרֻחָמִים. כְּמָה שֶׁיָּדַעְנוּ, יְיָ אֱלֹהֵינוּ, אֵת אֲשֶׁר תָּחֹן יוּחָן, וְאֵת אֲשֶׁר תְּרַחֵם יְרֻחָם, כַּכָּתוּב בְּתוֹרָתֶךָ, וַיֹּאמֶר, אֲנִי אַעֲבִיר, כָּל טוּבִי, עַל פָּנֶיךָ, וְקָרָאתִי בְשֵׁם יְיָ לְפָנֶיךָ, וְחַנֹּתִי אֶת אֲשֶׁר אָחֹן וְרִחַמְתִּי אֶת אֲשֶׁר אֲרַחֵם. וְנֶאֱמַר, אַל יֵבֹשׁוּ בִי קֹוֶיךָ, אֲדֹנָי אֱלֹהִים צְבָאוֹת, אַל יִכָּלְמוּ בִי מְבַקְשֶׁיךָ, אֱלֹהֵי יִשְׂרָאֵל:

פותחין הארון

אוֹחִילָה לָאֵל, אֲחַלֶּה פָנָיו, אֶשְׁאֲלָה מִמֶּנּוּ מַעֲנֵה לָשׁוֹן. אֲשֶׁר בִּקְהַל עָם אָשִׁירָה עֻזּוֹ, אַבִּיעָה רְנָנוֹת בְּעַד מִפְעָלָיו. לְאָדָם מַעַרְכֵי לֵב, וּמֵיְיָ מַעֲנֵה לָשׁוֹן. אֲדֹנָי שְׂפָתַי תִּפְתָּח, וּפִי יַגִּיד תְּהִלָּתֶךָ. יִהְיוּ לְרָצוֹן אִמְרֵי פִי וְהֶגְיוֹן לִבִּי לְפָנֶיךָ, יְיָ צוּרִי וְגוֹאֲלִי:

סוגרין הארון

עַל כֵּן נְקַוֶּה לְךָ יְיָ אֱלֹהֵינוּ, לִרְאוֹת מְהֵרָה בְּתִפְאֶרֶת עֻזֶּךָ, לְהַעֲבִיר גִּלּוּלִים מִן הָאָרֶץ וְהָאֱלִילִים כָּרוֹת יִכָּרֵתוּן. לְתַקֵּן עוֹלָם בְּמַלְכוּת שַׁדַּי, וְכָל בְּנֵי בָשָׂר יִקְרְאוּ בִשְׁמֶךָ. לְהַפְנוֹת אֵלֶיךָ כָּל רִשְׁעֵי אָרֶץ. יַכִּירוּ וְיֵדְעוּ כָּל יוֹשְׁבֵי תֵבֵל, כִּי לְךָ תִּכְרַע כָּל בֶּרֶךְ, תִּשָּׁבַע כָּל

לָשׁוֹן: לְפָנֶיךָ יְיָ אֱלֹהֵינוּ יִכְרְעוּ וְיִפֹּלוּ. וְלִכְבוֹד שִׁמְךָ יְקָר יִתֵּנוּ. וִיקַבְּלוּ כֻלָּם אֶת עוֹל מַלְכוּתֶךָ. וְתִמְלֹךְ עֲלֵיהֶם מְהֵרָה לְעוֹלָם וָעֶד. כִּי הַמַּלְכוּת שֶׁלְּךָ הִיא, וּלְעוֹלְמֵי עַד תִּמְלוֹךְ בְּכָבוֹד. כַּכָּתוּב בְּתוֹרָתֶךָ, יְיָ יִמְלֹךְ לְעוֹלָם וָעֶד: וְנֶאֱמַר, לֹא הִבִּיט אָוֶן בְּיַעֲקֹב, וְלֹא רָאָה עָמָל בְּיִשְׂרָאֵל, יְיָ אֱלֹהָיו עִמּוֹ וּתְרוּעַת מֶלֶךְ בּוֹ: וְנֶאֱמַר, וַיְהִי בִישֻׁרוּן מֶלֶךְ, בְּהִתְאַסֵּף רָאשֵׁי עָם, יַחַד שִׁבְטֵי יִשְׂרָאֵל: וּבְדִבְרֵי קָדְשְׁךָ כָּתוּב לֵאמֹר, כִּי לַייָ הַמְּלוּכָה וּמוֹשֵׁל בַּגּוֹיִם: וְנֶאֱמַר, יְיָ מָלָךְ, גֵּאוּת לָבֵשׁ, לָבֵשׁ יְיָ, עֹז הִתְאַזָּר, אַף תִּכּוֹן תֵּבֵל בַּל תִּמּוֹט: וְנֶאֱמַר, שְׂאוּ שְׁעָרִים רָאשֵׁיכֶם וְהִנָּשְׂאוּ פִּתְחֵי עוֹלָם, וְיָבוֹא מֶלֶךְ הַכָּבוֹד: מִי זֶה מֶלֶךְ הַכָּבוֹד, יְיָ עִזּוּז וְגִבּוֹר, יְיָ גִּבּוֹר מִלְחָמָה: שְׂאוּ שְׁעָרִים רָאשֵׁיכֶם, וּשְׂאוּ פִּתְחֵי עוֹלָם, וְיָבֹא מֶלֶךְ הַכָּבוֹד: מִי הוּא זֶה מֶלֶךְ הַכָּבוֹד, יְיָ צְבָאוֹת הוּא מֶלֶךְ הַכָּבוֹד, סֶלָה:

וְעַל יְדֵי עֲבָדֶיךָ הַנְּבִיאִים כָּתוּב לֵאמֹר, כֹּה אָמַר יְיָ, מֶלֶךְ יִשְׂרָאֵל וְגֹאֲלוֹ, יְיָ צְבָאוֹת, אֲנִי רִאשׁוֹן וַאֲנִי אַחֲרוֹן, וּמִבַּלְעָדַי אֵין אֱלֹהִים: וְנֶאֱמַר, וְעָלוּ מוֹשִׁעִים בְּהַר צִיּוֹן לִשְׁפֹּט אֶת הַר עֵשָׂו, וְהָיְתָה לַיְיָ הַמְּלוּכָה: וְנֶאֱמַר, וְהָיָה יְיָ לְמֶלֶךְ עַל כָּל הָאָרֶץ, בַּיּוֹם הַהוּא יִהְיֶה יְיָ אֶחָד וּשְׁמוֹ אֶחָד: וּבְתוֹרָתְךָ כָּתוּב לֵאמֹר, שְׁמַע יִשְׂרָאֵל, יְיָ אֱלֹהֵינוּ, יְיָ אֶחָד:

אֱלֹהֵינוּ וֵאלֹהֵי אֲבוֹתֵינוּ, מְלוֹךְ עַל כָּל הָעוֹלָם כֻּלּוֹ בִּכְבוֹדֶךָ, וְהִנָּשֵׂא עַל כָּל הָאָרֶץ בִּיקָרֶךָ, וְהוֹפַע בַּהֲדַר גְּאוֹן עֻזֶּךָ, עַל כָּל יוֹשְׁבֵי תֵבֵל אַרְצֶךָ, וְיֵדַע כָּל פָּעוּל כִּי אַתָּה פְעַלְתּוֹ, וְיָבִין כָּל יָצוּר כִּי אַתָּה יְצַרְתּוֹ, וְיֹאמַר כֹּל אֲשֶׁר נְשָׁמָה בְאַפּוֹ, יְיָ אֱלֹהֵי יִשְׂרָאֵל מֶלֶךְ, וּמַלְכוּתוֹ בַּכֹּל מָשָׁלָה. (לשבת: אֱלֹהֵינוּ וֵאלֹהֵי אֲבוֹתֵינוּ רְצֵה בִמְנוּחָתֵנוּ) קַדְּשֵׁנוּ בְּמִצְוֹתֶיךָ וְתֵן חֶלְקֵנוּ בְּתוֹרָתֶךָ, שַׂבְּעֵנוּ מִטּוּבֶךָ וְשַׂמְּחֵנוּ

בִּישׁוּעָתֶךָ. (לשבת: וְהַנְחִילֵנוּ, יְיָ אֱלֹהֵינוּ, בְּאַהֲבָה וּבְרָצוֹן שַׁבַּת קָדְשֶׁךָ, וְיָנוּחוּ בוֹ יִשְׂרָאֵל מְקַדְּשֵׁי שְׁמֶךָ). וְטַהֵר לִבֵּנוּ לְעָבְדְּךָ בֶּאֱמֶת, כִּי אַתָּה אֱלֹהִים אֱמֶת, וּדְבָרְךָ אֱמֶת וְקַיָּם לָעַד. בָּרוּךְ אַתָּה יְיָ, מֶלֶךְ עַל כָּל הָאָרֶץ, מְקַדֵּשׁ (לשבת: הַשַּׁבָּת וְ) יִשְׂרָאֵל וְיוֹם הַזִּכָּרוֹן:

תוקעין וכשחל בשבת אין תוקעין

תקיעה שברים תרועה תקיעה

תקיעה שברים תקיעה

תקיעה תרועה תקיעה

אומרים "היום הרת עולם" גם בשבת:

הַיּוֹם הֲרַת עוֹלָם, הַיּוֹם יַעֲמִיד בַּמִּשְׁפָּט כָּל יְצוּרֵי עוֹלָמִים, אִם כְּבָנִים אִם כַּעֲבָדִים. אִם כְּבָנִים, רַחֲמֵנוּ כְּרַחֵם אָב עַל בָּנִים: וְאִם כַּעֲבָדִים, עֵינֵינוּ לְךָ תְלוּיוֹת, עַד שֶׁתְּחָנֵּנוּ וְתוֹצִיא כָאוֹר מִשְׁפָּטֵנוּ, אָיוֹם קָדוֹשׁ.

כשחל בשבת אין אומרים "ארשת"

אֲרֶשֶׁת שְׂפָתֵינוּ יֶעֱרַב לְפָנֶיךָ, אֵל רָם וְנִשָּׂא, מֵבִין וּמַאֲזִין, מַבִּיט וּמַקְשִׁיב לְקוֹל תְּקִיעָתֵנוּ. וּתְקַבֵּל בְּרַחֲמִים וּבְרָצוֹן סֵדֶר מַלְכֻיּוֹתֵנוּ:

אַתָּה זוֹכֵר מַעֲשֵׂה עוֹלָם, וּפוֹקֵד כָּל יְצוּרֵי קֶדֶם. לְפָנֶיךָ נִגְלוּ כָּל תַּעֲלוּמוֹת, וַהֲמוֹן נִסְתָּרוֹת שֶׁמִּבְּרֵאשִׁית. כִּי אֵין שִׁכְחָה לִפְנֵי כִסֵּא כְבוֹדֶךָ, וְאֵין נִסְתָּר מִנֶּגֶד עֵינֶיךָ. אַתָּה זוֹכֵר אֶת כָּל הַמִּפְעָל, וְגַם כָּל הַיְצוּר לֹא נִכְחַד מִמֶּךָּ. הַכֹּל גָּלוּי וְיָדוּעַ לְפָנֶיךָ, יְיָ אֱלֹהֵינוּ, צוֹפֶה וּמַבִּיט עַד סוֹף כָּל הַדּוֹרוֹת. כִּי תָבִיא חֹק זִכָּרוֹן, לְהִפָּקֵד כָּל רוּחַ וָנֶפֶשׁ, לְהִזָּכֵר מַעֲשִׂים רַבִּים וַהֲמוֹן בְּרִיּוֹת לְאֵין תַּכְלִית, מֵרֵאשִׁית כָּזֹאת הוֹדָעְתָּ, וּמִלְּפָנִים אוֹתָהּ גִּלִּיתָ. זֶה הַיּוֹם תְּחִלַּת מַעֲשֶׂיךָ, זִכָּרוֹן

לְיוֹם רִאשׁוֹן. כִּי חֹק לְיִשְׂרָאֵל הוּא, מִשְׁפָּט לֵאלֹהֵי יַעֲקֹב. וְעַל הַמְּדִינוֹת בּוֹ יֵאָמֵר, אֵיזוֹ לַחֶרֶב, וְאֵיזוֹ לַשָּׁלוֹם, אֵיזוֹ לָרָעָב, וְאֵיזוֹ לָשֹׂבַע. וּבְרִיּוֹת בּוֹ יִפָּקֵדוּ, לְהַזְכִּירָם לַחַיִּים וְלַמָּוֶת. מִי לֹא נִפְקָד כְּהַיּוֹם הַזֶּה, כִּי זֵכֶר כָּל הַיְצוּר לְפָנֶיךָ בָּא, מַעֲשֵׂה אִישׁ וּפְקֻדָּתוֹ, וַעֲלִילוֹת מִצְעֲדֵי גָבֶר, מַחְשְׁבוֹת אָדָם וְתַחְבּוּלוֹתָיו, וְיִצְרֵי מַעַלְלֵי אִישׁ. אַשְׁרֵי אִישׁ שֶׁלֹּא יִשְׁכָּחֶךָּ, וּבֶן אָדָם יִתְאַמֶּץ בָּךְ. כִּי דוֹרְשֶׁיךָ לְעוֹלָם לֹא יִכָּשֵׁלוּ, וְלֹא יִכָּלְמוּ לָנֶצַח כָּל הַחוֹסִים בָּךְ. כִּי זֵכֶר כָּל הַמַּעֲשִׂים לְפָנֶיךָ בָּא, וְאַתָּה דוֹרֵשׁ מַעֲשֵׂה כֻלָּם. וְגַם אֶת נֹחַ בְּאַהֲבָה זָכַרְתָּ, וַתִּפְקְדֵהוּ בִּדְבַר יְשׁוּעָה וְרַחֲמִים, בַּהֲבִיאֲךָ אֶת מֵי הַמַּבּוּל לְשַׁחֵת כָּל בָּשָׂר מִפְּנֵי רֹעַ מַעַלְלֵיהֶם. עַל כֵּן זִכְרוֹנוֹ בָּא לְפָנֶיךָ, יְיָ אֱלֹהֵינוּ, לְהַרְבּוֹת זַרְעוֹ כְּעַפְרוֹת תֵּבֵל, וְצֶאֱצָאָיו כְּחוֹל הַיָּם, כַּכָּתוּב בְּתוֹרָתֶךָ, וַיִּזְכֹּר אֱלֹהִים אֶת נֹחַ, וְאֵת כָּל הַחַיָּה וְאֶת כָּל

הַבְּהֵמָה אֲשֶׁר אִתּוֹ בַּתֵּבָה, וַיַּעֲבֵר אֱלֹהִים רוּחַ עַל הָאָרֶץ, וַיָּשֹׁכּוּ הַמָּיִם: וְנֶאֱמַר, וַיִּשְׁמַע אֱלֹהִים אֶת נַאֲקָתָם, וַיִּזְכֹּר אֱלֹהִים אֶת בְּרִיתוֹ אֶת אַבְרָהָם, אֶת יִצְחָק וְאֶת יַעֲקֹב: וְנֶאֱמַר, וְזָכַרְתִּי אֶת בְּרִיתִי יַעֲקוֹב, וְאַף אֶת בְּרִיתִי יִצְחָק, וְאַף אֶת בְּרִיתִי אַבְרָהָם אֶזְכֹּר, וְהָאָרֶץ אֶזְכֹּר:

וּבְדִבְרֵי קָדְשְׁךָ כָּתוּב לֵאמֹר, זֵכֶר עָשָׂה לְנִפְלְאֹתָיו, חַנּוּן וְרַחוּם יְיָ: וְנֶאֱמַר, טֶרֶף נָתַן לִירֵאָיו, יִזְכֹּר לְעוֹלָם בְּרִיתוֹ: וְנֶאֱמַר, וַיִּזְכֹּר לָהֶם בְּרִיתוֹ, וַיִּנָּחֵם כְּרֹב חֲסָדָיו:

וְעַל יְדֵי עֲבָדֶיךָ הַנְּבִיאִים כָּתוּב לֵאמֹר, הָלוֹךְ וְקָרָאתָ בְאָזְנֵי יְרוּשָׁלַיִם לֵאמֹר, כֹּה אָמַר יְיָ, זָכַרְתִּי לָךְ חֶסֶד נְעוּרַיִךְ, אַהֲבַת כְּלוּלֹתָיִךְ, לֶכְתֵּךְ אַחֲרַי בַּמִּדְבָּר, בְּאֶרֶץ לֹא זְרוּעָה: וְנֶאֱמַר, וְזָכַרְתִּי אֲנִי אֶת בְּרִיתִי אוֹתָךְ בִּימֵי נְעוּרָיִךְ, וַהֲקִימוֹתִי לָךְ בְּרִית עוֹלָם: וְנֶאֱמַר,

הֲבֵן יַקִּיר לִי אֶפְרַיִם, אִם יֶלֶד שַׁעֲשׁוּעִים, כִּי מִדֵּי דַבְּרִי בּוֹ זָכֹר אֶזְכְּרֶנּוּ עוֹד, עַל כֵּן הָמוּ מֵעַי לוֹ, רַחֵם אֲרַחֲמֶנּוּ, נְאֻם יְיָ:

אֱלֹהֵינוּ וֵאלֹהֵי אֲבוֹתֵינוּ, זָכְרֵנוּ בְּזִכָּרוֹן טוֹב לְפָנֶיךָ, וּפָקְדֵנוּ בִּפְקֻדַּת יְשׁוּעָה וְרַחֲמִים מִשְּׁמֵי שְׁמֵי קֶדֶם. וּזְכָר לָנוּ, יְיָ אֱלֹהֵינוּ, אֶת הַבְּרִית וְאֶת הַחֶסֶד, וְאֶת הַשְּׁבוּעָה אֲשֶׁר נִשְׁבַּעְתָּ לְאַבְרָהָם אָבִינוּ בְּהַר הַמֹּרִיָּה. וְתֵרָאֶה לְפָנֶיךָ עֲקֵדָה שֶׁעָקַד אַבְרָהָם אָבִינוּ אֶת יִצְחָק בְּנוֹ עַל גַּבֵּי הַמִּזְבֵּחַ, וְכָבַשׁ רַחֲמָיו לַעֲשׂוֹת רְצוֹנְךָ בְּלֵבָב שָׁלֵם. כֵּן יִכְבְּשׁוּ רַחֲמֶיךָ אֶת כַּעַסְךָ מֵעָלֵינוּ, וּבְטוּבְךָ הַגָּדוֹל יָשׁוּב חֲרוֹן אַפְּךָ מֵעַמְּךָ וּמֵעִירְךָ וּמִנַּחֲלָתֶךָ. וְקַיֶּם לָנוּ, יְיָ אֱלֹהֵינוּ, אֶת הַדָּבָר שֶׁהִבְטַחְתָּנוּ בְּתוֹרָתֶךָ, עַל יְדֵי מֹשֶׁה עַבְדֶּךָ, מִפִּי כְבוֹדֶךָ, כָּאָמוּר, וְזָכַרְתִּי לָהֶם בְּרִית רִאשֹׁנִים, אֲשֶׁר הוֹצֵאתִי אֹתָם מֵאֶרֶץ מִצְרַיִם לְעֵינֵי הַגּוֹיִם לִהְיוֹת לָהֶם

לֵאלֹהִים, אֲנִי יְיָ. כִּי זוֹכֵר כָּל הַנִּשְׁכָּחוֹת אַתָּה הוּא מֵעוֹלָם, וְאֵין שִׁכְחָה לִפְנֵי כִּסֵּא כְבוֹדֶךָ. וַעֲקֵדַת יִצְחָק לְזַרְעוֹ הַיּוֹם בְּרַחֲמִים תִּזְכּוֹר. בָּרוּךְ אַתָּה יְיָ, זוֹכֵר הַבְּרִית:

תוקעין וכשחל בשבת אין תוקעין

תקיעה שברים תרועה תקיעה
תקיעה שברים תקיעה
תקיעה תרועה תקיעה

אומרים "היום הרת עולם" גם בשבת:

הַיּוֹם הֲרַת עוֹלָם, הַיּוֹם יַעֲמִיד בַּמִּשְׁפָּט כָּל יְצוּרֵי עוֹלָמִים, אִם כְּבָנִים אִם כַּעֲבָדִים. אִם כְּבָנִים, רַחֲמֵנוּ כְּרַחֵם אָב עַל בָּנִים. וְאִם כַּעֲבָדִים, עֵינֵינוּ לְךָ תְלוּיוֹת, עַד שֶׁתְּחָנֵּנוּ וְתוֹצִיא כָאוֹר מִשְׁפָּטֵנוּ, אָיוֹם קָדוֹשׁ:

כשחל בשבת אין אומרים "ארשת"

אֲרֶשֶׁת שְׂפָתֵינוּ יֶעֱרַב לְפָנֶיךָ, אֵל רָם וְנִשָּׂא, מֵבִין וּמַאֲזִין, מַבִּיט וּמַקְשִׁיב לְקוֹל תְּקִיעָתֵנוּ. וּתְקַבֵּל בְּרַחֲמִים וּבְרָצוֹן סֵדֶר זִכְרוֹנוֹתֵינוּ:

אַתָּה נִגְלֵיתָ בַּעֲנַן כְּבוֹדֶךָ, עַל עַם קָדְשֶׁךָ, לְדַבֵּר עִמָּם. מִן הַשָּׁמַיִם הִשְׁמַעְתָּם קוֹלֶךָ, וְנִגְלֵיתָ עֲלֵיהֶם בְּעַרְפְלֵּי טֹהַר. גַּם כָּל הָעוֹלָם כֻּלּוֹ חָל מִפָּנֶיךָ, וּבְרִיּוֹת בְּרֵאשִׁית חָרְדוּ מִמֶּךָּ, בְּהִגָּלוֹתְךָ מַלְכֵּנוּ עַל הַר סִינַי לְלַמֵּד לְעַמְּךָ תּוֹרָה וּמִצְוֹת, וַתַּשְׁמִיעֵם אֶת הוֹד קוֹלֶךָ, וְדִבְּרוֹת קָדְשְׁךָ מִלַּהֲבוֹת אֵשׁ. בְּקֹלֹת וּבְרָקִים עֲלֵיהֶם נִגְלֵיתָ, וּבְקוֹל שֹׁפָר עֲלֵיהֶם הוֹפָעְתָּ, כַּכָּתוּב בְּתוֹרָתֶךָ, וַיְהִי בַיּוֹם הַשְּׁלִישִׁי בִּהְיֹת הַבֹּקֶר, וַיְהִי קֹלֹת וּבְרָקִים, וְעָנָן כָּבֵד עַל הָהָר, וְקֹל שֹׁפָר חָזָק מְאֹד, וַיֶּחֱרַד כָּל הָעָם אֲשֶׁר

בַּמַּחֲנֶה: וְנֶאֱמַר, וַיְהִי קוֹל הַשֹּׁפָר הוֹלֵךְ וְחָזֵק מְאֹד, מֹשֶׁה יְדַבֵּר וְהָאֱלֹהִים יַעֲנֶנּוּ בְקוֹל: וְנֶאֱמַר, וְכָל הָעָם רֹאִים אֶת הַקּוֹלֹת, וְאֶת הַלַּפִּידִם, וְאֵת קוֹל הַשֹּׁפָר, וְאֶת הָהָר עָשֵׁן, וַיַּרְא הָעָם וַיָּנֻעוּ וַיַּעַמְדוּ מֵרָחוֹק:

וּבְדִבְרֵי קָדְשְׁךָ כָּתוּב לֵאמֹר, עָלָה אֱלֹהִים בִּתְרוּעָה, יְיָ בְּקוֹל שׁוֹפָר: וְנֶאֱמַר, בַּחֲצֹצְרוֹת וְקוֹל שׁוֹפָר הָרִיעוּ לִפְנֵי הַמֶּלֶךְ יְיָ: וְנֶאֱמַר, תִּקְעוּ בַחֹדֶשׁ שׁוֹפָר, בַּכֶּסֶה לְיוֹם חַגֵּנוּ, כִּי חֹק לְיִשְׂרָאֵל הוּא, מִשְׁפָּט לֵאלֹהֵי יַעֲקֹב: וְנֶאֱמַר, הַלְלוּיָהּ, הַלְלוּ אֵל בְּקָדְשׁוֹ, הַלְלוּהוּ בִּרְקִיעַ עֻזּוֹ: הַלְלוּהוּ בִגְבוּרֹתָיו, הַלְלוּהוּ כְּרֹב גֻּדְלוֹ: הַלְלוּהוּ בְּתֵקַע שׁוֹפָר, הַלְלוּהוּ בְּנֵבֶל וְכִנּוֹר: הַלְלוּהוּ בְּתֹף וּמָחוֹל, הַלְלוּהוּ בְּמִנִּים וְעֻגָב: הַלְלוּהוּ בְצִלְצְלֵי שָׁמַע, הַלְלוּהוּ בְּצִלְצְלֵי תְרוּעָה: כֹּל הַנְּשָׁמָה תְּהַלֵּל יָהּ, הַלְלוּיָהּ:

וְעַל יְדֵי עֲבָדֶיךָ הַנְּבִיאִים כָּתוּב לֵאמֹר, כָּל יֹשְׁבֵי תֵבֵל וְשֹׁכְנֵי אָרֶץ, כִּנְשֹׂא נֵס הָרִים תִּרְאוּ, וְכִתְקֹעַ שׁוֹפָר תִּשְׁמָעוּ: וְנֶאֱמַר, וְהָיָה בַּיּוֹם הַהוּא יִתָּקַע בְּשׁוֹפָר גָּדוֹל, וּבָאוּ הָאֹבְדִים בְּאֶרֶץ אַשּׁוּר וְהַנִּדָּחִים בְּאֶרֶץ מִצְרָיִם, וְהִשְׁתַּחֲווּ לַיְיָ בְּהַר הַקֹּדֶשׁ בִּירוּשָׁלָיִם: וְנֶאֱמַר, וַיְיָ עֲלֵיהֶם יֵרָאֶה, וְיָצָא כַבָּרָק חִצּוֹ, וַאדֹנָי אֱלֹהִים בַּשּׁוֹפָר יִתְקָע, וְהָלַךְ בְּסַעֲרוֹת תֵּימָן. יְיָ צְבָאוֹת יָגֵן עֲלֵיהֶם. כֵּן תָּגֵן עַל עַמְּךָ יִשְׂרָאֵל בִּשְׁלוֹמֶךָ:

אֱלֹהֵינוּ וֵאלֹהֵי אֲבוֹתֵינוּ, תְּקַע בְּשׁוֹפָר גָּדוֹל לְחֵרוּתֵנוּ, וְשָׂא נֵס לְקַבֵּץ גָּלֻיּוֹתֵינוּ, וְקָרֵב פְּזוּרֵינוּ מִבֵּין הַגּוֹיִם, וּנְפוּצוֹתֵינוּ כַּנֵּס מִיַּרְכְּתֵי אָרֶץ. וַהֲבִיאֵנוּ לְצִיּוֹן עִירְךָ בְּרִנָּה, וְלִירוּשָׁלַיִם בֵּית מִקְדָּשְׁךָ בְּשִׂמְחַת עוֹלָם. וְשָׁם נַעֲשֶׂה לְפָנֶיךָ אֶת קָרְבְּנוֹת חוֹבוֹתֵינוּ כִּמְצֻוֶּה עָלֵינוּ בְּתוֹרָתֶךָ, עַל יְדֵי מֹשֶׁה עַבְדֶּךָ, מִפִּי כְבוֹדֶךָ כָּאָמוּר, וּבְיוֹם שִׂמְחַתְכֶם, וּבְמוֹעֲדֵיכֶם

וּבְרָאשֵׁי חָדְשֵׁיכֶם, וּתְקַעְתֶּם בַּחֲצֹצְרוֹת עַל עֹלֹתֵיכֶם וְעַל זִבְחֵי שַׁלְמֵיכֶם, וְהָיוּ לָכֶם לְזִכָּרוֹן לִפְנֵי אֱלֹהֵיכֶם, אֲנִי יְיָ אֱלֹהֵיכֶם. כִּי אַתָּה שׁוֹמֵעַ קוֹל שׁוֹפָר, וּמַאֲזִין תְּרוּעָה, וְאֵין דּוֹמֶה לָּךְ. בָּרוּךְ אַתָּה, יְיָ, שׁוֹמֵעַ קוֹל תְּרוּעַת עַמּוֹ יִשְׂרָאֵל בְּרַחֲמִים:

תוקעין וכשחל בשבת אין תוקעין

תקיעה שברים תרועה תקיעה

תקיעה שברים תקיעה

תקיעה תרועה תקיעה

אומרים "היום הרת עולם" גם בשבת:

הַיּוֹם הֲרַת עוֹלָם, הַיּוֹם יַעֲמִיד בַּמִּשְׁפָּט כָּל יְצוּרֵי עוֹלָמִים, אִם כְּבָנִים אִם כַּעֲבָדִים. אִם כְּבָנִים, רַחֲמֵנוּ כְּרַחֵם אָב עַל בָּנִים. וְאִם כַּעֲבָדִים, עֵינֵינוּ לְךָ תְלוּיוֹת, עַד שֶׁתְּחָנֵּנוּ וְתוֹצִיא כָאוֹר מִשְׁפָּטֵנוּ, אָיוֹם קָדוֹשׁ:

כשחל בשבת אין אומרים "ארשת"

אֲרֶשֶׁת שְׂפָתֵינוּ יֶעֱרַב לְפָנֶיךָ, אֵל רָם וְנִשָּׂא, מֵבִין וּמַאֲזִין, מַבִּיט וּמַקְשִׁיב לְקוֹל תְּקִיעָתֵנוּ. וּתְקַבֵּל בְּרַחֲמִים וּבְרָצוֹן סֵדֶר שׁוֹפְרוֹתֵינוּ:

רְצֵה יְיָ אֱלֹהֵינוּ, בְּעַמְּךָ יִשְׂרָאֵל וּבִתְפִלָּתָם, וְהָשֵׁב אֶת הָעֲבוֹדָה לִדְבִיר בֵּיתֶךָ, וְאִשֵּׁי יִשְׂרָאֵל, וּתְפִלָּתָם בְּאַהֲבָה תְקַבֵּל בְּרָצוֹן, וּתְהִי לְרָצוֹן תָּמִיד עֲבוֹדַת יִשְׂרָאֵל עַמֶּךָ:

וְתֶעֱרַב לְפָנֶיךָ עֲתִירָתֵנוּ כְּעוֹלָה וּכְקָרְבָּן. אָנָּא, רַחוּם, בְּרַחֲמֶיךָ הָרַבִּים הָשֵׁב שְׁכִינָתְךָ לְצִיּוֹן עִירֶךָ, וְסֵדֶר הָעֲבוֹדָה לִירוּשָׁלָיִם. וְתֶחֱזֶינָה עֵינֵינוּ בְּשׁוּבְךָ לְצִיּוֹן בְּרַחֲמִים, וְשָׁם נַעֲבָדְךָ

בְּיִרְאָה כִּימֵי עוֹלָם וּכְשָׁנִים קַדְמוֹנִיּוֹת.
חזן: בָּרוּךְ אַתָּה יְיָ, שֶׁאוֹתְךָ לְבַדְּךָ בְּיִרְאָה נַעֲבוֹד:

מוֹדִים אֲנַחְנוּ לָךְ, שָׁאַתָּה הוּא, יְיָ אֱלֹהֵינוּ וֵאלֹהֵי אֲבוֹתֵינוּ, לְעוֹלָם וָעֶד, צוּר חַיֵּינוּ, מָגֵן יִשְׁעֵנוּ, אַתָּה הוּא לְדוֹר וָדוֹר נוֹדֶה לְּךָ וּנְסַפֵּר תְּהִלָּתֶךָ. עַל חַיֵּינוּ הַמְּסוּרִים בְּיָדֶךָ, וְעַל נִשְׁמוֹתֵינוּ הַפְּקוּדוֹת לָךְ, וְעַל נִסֶּיךָ שֶׁבְּכָל יוֹם עִמָּנוּ, וְעַל נִפְלְאוֹתֶיךָ וְטוֹבוֹתֶיךָ שֶׁבְּכָל עֵת, עֶרֶב וָבֹקֶר וְצָהֳרָיִם, הַטּוֹב כִּי לֹא כָלוּ רַחֲמֶיךָ, וְהַמְרַחֵם כִּי לֹא תַמּוּ חֲסָדֶיךָ מֵעוֹלָם קִוִּינוּ לָךְ:

מודים דרבנן

מוֹדִים אֲנַחְנוּ לָךְ, שָׁאַתָּה הוּא יְיָ אֱלֹהֵינוּ וֵאלֹהֵי אֲבוֹתֵינוּ אֱלֹהֵי כָל בָּשָׂר, יוֹצְרֵנוּ, יוֹצֵר בְּרֵאשִׁית. בְּרָכוֹת וְהוֹדָאוֹת לְשִׁמְךָ

הַגָּדוֹל וְהַקָּדוֹשׁ, עַל שֶׁהֶחֱיִיתָנוּ וְקִיַּמְתָּנוּ. כֵּן תְּחַיֵּנוּ וּתְקַיְּמֵנוּ, וְתֶאֱסוֹף גָּלֻיּוֹתֵינוּ לְחַצְרוֹת קָדְשֶׁךָ, לִשְׁמוֹר חֻקֶּיךָ וְלַעֲשׂוֹת רְצוֹנֶךָ, וּלְעָבְדְךָ בְּלֵבָב שָׁלֵם, עַל שֶׁאֲנַחְנוּ מוֹדִים לָךְ. בָּרוּךְ אֵל הַהוֹדָאוֹת:

וְעַל כֻּלָּם יִתְבָּרַךְ וְיִתְרוֹמַם שִׁמְךָ מַלְכֵּנוּ תָּמִיד לְעוֹלָם וָעֶד:

אָבִינוּ מַלְכֵּנוּ, זְכוֹר רַחֲמֶיךָ וּכְבוֹשׁ כַּעַסְךָ, וְכַלֵּה דֶבֶר וְחֶרֶב, וְרָעָב וּשְׁבִי, וּמַשְׁחִית וְעָוֹן, וּמַגֵּפָה, וּפֶגַע רָע וְכָל מַחֲלָה, וְכָל תְּקָלָה וְכָל קְטָטָה, וְכָל מִינֵי פֻרְעָנִיּוֹת, וְכָל גְּזֵרָה רָעָה וְשִׂנְאַת חִנָּם, מֵעָלֵינוּ וּמֵעַל כָּל בְּנֵי בְרִיתֶךָ:

וּכְתוֹב לְחַיִּים טוֹבִים כָּל בְּנֵי בְרִיתֶךָ:

וְכֹל הַחַיִּים יוֹדוּךָ סֶּלָה, וִיהַלְלוּ אֶת שִׁמְךָ בֶּאֱמֶת, הָאֵל יְשׁוּעָתֵנוּ וְעֶזְרָתֵנוּ סֶלָה. בָּרוּךְ אַתָּה יְיָ, הַטּוֹב שִׁמְךָ וּלְךָ נָאֶה לְהוֹדוֹת:

כהנים בלחש: יְהִי רָצוֹן מִלְּפָנֶיךָ יְיָ אֱלֹהֵינוּ וֵאלֹהֵי אֲבוֹתֵינוּ, שֶׁתְּהֵא הַבְּרָכָה הַזֹּאת שֶׁצִּוִּיתָנוּ לְבָרֵךְ אֶת עַמְּךָ יִשְׂרָאֵל בְּרָכָה שְׁלֵמָה, וְלֹא יִהְיֶה בָּהּ שׁוּם מִכְשׁוֹל וְעָוֹן מֵעַתָּה וְעַד עוֹלָם.

חזן: אֱלֹהֵינוּ וֵאלֹהֵי אֲבוֹתֵינוּ, בָּרְכֵנוּ בַבְּרָכָה הַמְשֻׁלֶּשֶׁת, בַּתּוֹרָה הַכְּתוּבָה עַל יְדֵי מֹשֶׁה עַבְדֶּךָ, הָאֲמוּרָה מִפִּי אַהֲרֹן וּבָנָיו, בקול רם: כֹּהֲנִים והקהל עונים: עַם קְדוֹשֶׁךָ כָּאָמוּר:

ואומרים הכהנים: בָּרוּךְ אַתָּה יְיָ אֱלֹהֵינוּ מֶלֶךְ הָעוֹלָם, אֲשֶׁר קִדְּשָׁנוּ בִּקְדֻשָּׁתוֹ שֶׁל אַהֲרֹן, וְצִוָּנוּ לְבָרֵךְ אֶת עַמּוֹ יִשְׂרָאֵל בְּאַהֲבָה:

יְבָרֶכְךָ יְבָרֶכְךָ יְיָ מִצִּיּוֹן, עֹשֵׂה שָׁמַיִם וָאָרֶץ:

יְיָ יְיָ אֲדוֹנֵינוּ, מָה אַדִּיר שִׁמְךָ בְּכָל הָאָרֶץ:

וְיִשְׁמְרֶךָ. שָׁמְרֵנִי, אֵל, כִּי חָסִיתִי בָךְ:

כשהכהנים מזמרים לפני שאומרים וישמרך, ויחנך, אומרים הקהל זה:

רִבּוֹנוֹ שֶׁל עוֹלָם, אֲנִי שֶׁלָּךְ וַחֲלוֹמוֹתַי שֶׁלָּךְ. חֲלוֹם חָלַמְתִּי וְאֵינִי יוֹדֵעַ מַה הוּא. יְהִי רָצוֹן מִלְּפָנֶיךָ, יְיָ אֱלֹהַי וֵאלֹהֵי אֲבוֹתַי, שֶׁיִּהְיוּ כָּל חֲלוֹמוֹתַי עָלַי וְעַל כָּל יִשְׂרָאֵל לְטוֹבָה

בֵּין שֶׁחָלַמְתִּי עַל עַצְמִי, וּבֵין שֶׁחָלַמְתִּי עַל אֲחֵרִים, וּבֵין שֶׁחָלְמוּ אֲחֵרִים עָלָי. אִם טוֹבִים הֵם, חַזְּקֵם וְאַמְּצֵם, וְיִתְקַיְּמוּ בִי וּבָהֶם כַּחֲלוֹמוֹתָיו שֶׁל יוֹסֵף הַצַּדִּיק. וְאִם צְרִיכִים רְפוּאָה, רְפָאֵם כְּחִזְקִיָּהוּ מֶלֶךְ יְהוּדָה מֵחָלְיוֹ, וּכְמִרְיָם הַנְּבִיאָה מִצָּרַעְתָּהּ, וּכְנַעֲמָן מִצָּרַעְתּוֹ, וּכְמֵי מָרָה עַל יְדֵי מֹשֶׁה רַבֵּנוּ, וּכְמֵי יְרִיחוֹ עַל יְדֵי אֱלִישָׁע. וּכְשֵׁם שֶׁהָפַכְתָּ אֶת קִלְלַת בִּלְעָם הָרָשָׁע מִקְּלָלָה לִבְרָכָה, כֵּן תַּהֲפוֹךְ כָּל חֲלוֹמוֹתַי עָלַי וְעַל כָּל יִשְׂרָאֵל לְטוֹבָה, וְתִשְׁמְרֵנִי וּתְחָנֵּנִי וְתִרְצֵנִי. אָמֵן:

יָאֵר אֱלֹהִים יְחָנֵּנוּ וִיבָרְכֵנוּ, יָאֵר פָּנָיו אִתָּנוּ, סֶלָה:

יי יְיָ יְיָ, אֵל רַחוּם וְחַנּוּן, אֶרֶךְ אַפַּיִם וְרַב חֶסֶד וֶאֱמֶת:

פָּנָיו פְּנֵה אֵלַי וְחָנֵּנִי, כִּי יָחִיד וְעָנִי אָנִי:

אֵלֶיךָ אֵלֶיךָ יְיָ נַפְשִׁי אֶשָּׂא:

וִיחֻנֶּךָּ. הִנֵּה כְעֵינֵי עֲבָדִים אֶל יַד אֲדוֹנֵיהֶם, כְּעֵינֵי שִׁפְחָה אֶל יַד גְּבִרְתָּהּ, כֵּן עֵינֵינוּ אֶל יְיָ אֱלֹהֵינוּ עַד שֶׁיְּחָנֵּנוּ:

רבש"ע:

יִשָּׂא יִשָּׂא בְרָכָה מֵאֵת יְיָ, וּצְדָקָה מֵאֱלֹהֵי יִשְׁעוֹ. וּמְצָא חֵן וְשֵׂכֶל טוֹב בְּעֵינֵי אֱלֹהִים וְאָדָם:

יי יְיָ חָנֵּנוּ, לְךָ קִוִּינוּ, הֱיֵה זְרֹעָם לַבְּקָרִים, אַף יְשׁוּעָתֵנוּ בְּעֵת צָרָה:

פָּנָיו אַל תַּסְתֵּר פָּנֶיךָ מִמֶּנִּי בְּיוֹם צַר לִי, הַטֵּה אֵלַי אָזְנֶךָ, בְּיוֹם אֶקְרָא מַהֵר עֲנֵנִי:

אֵלֶיךָ אֵלֶיךָ נָשָׂאתִי אֶת עֵינַי, הַיּשְׁבִי בַּשָּׁמָיִם:

וְיָשֵׂם וְשָׂמוּ אֶת שְׁמִי עַל בְּנֵי יִשְׂרָאֵל, וַאֲנִי אֲבָרְכֵם:

לְךָ לְךָ יְיָ, הַגְּדֻלָּה וְהַגְּבוּרָה וְהַתִּפְאֶרֶת וְהַנֵּצַח וְהַהוֹד. כִּי כֹל בַּשָּׁמַיִם וּבָאָרֶץ, לְךָ יְיָ, הַמַּמְלָכָה וְהַמִּתְנַשֵּׂא לְכֹל לְרֹאשׁ:

שָׁלוֹם. שָׁלוֹם שָׁלוֹם לָרָחוֹק וְלַקָּרוֹב, אָמַר יְיָ, וּרְפָאתִיו:

כשהכהנים מזמרים לפני שאומרים שלום, אומרים הקהל זה:

יְהִי רָצוֹן מִלְּפָנֶיךָ, יְיָ אֱלֹהַי וֵאלֹהֵי אֲבוֹתַי, שֶׁתַּעֲשֶׂה לְמַעַן קְדֻשַּׁת חֲסָדֶיךָ וְגֹדֶל רַחֲמֶיךָ הַפְּשׁוּטִים, וּלְמַעַן טָהֳרַת שִׁמְךָ הַגָּדוֹל הַגִּבּוֹר וְהַנּוֹרָא, בֶּן עֶשְׂרִים

וּשְׁתַּיִם אוֹתִיּוֹת הַיּוֹצְאִים מִן הַפְּסוּקִים שֶׁל בִּרְכַּת כֹּהֲנִים הָאֲמוּרָה מִפִּי אַהֲרֹן וּבָנָיו עַם קְדוֹשֶׁךָ, שֶׁתִּהְיֶה קָרוֹב לִי בְּקָרְאִי לָךְ. וְתִשְׁמַע תְּפִלָּתִי נַאֲקָתִי וְאֶנְקָתִי תָּמִיד, כְּשֵׁם שֶׁשָּׁמַעְתָּ אֶנְקַת יַעֲקֹב תְּמִימֶךָ הַנִּקְרָא אִישׁ תָּם. וְתִתֶּן לִי וּלְכָל נַפְשׁוֹת בֵּיתִי מְזוֹנוֹתֵינוּ וּפַרְנָסָתֵנוּ בְּרֶוַח וְלֹא בְצִמְצוּם, בְּהֶתֵּר וְלֹא בְאִסּוּר, בְּנַחַת וְלֹא בְצַעַר מִתַּחַת יָדְךָ הָרְחָבָה, כְּשֵׁם שֶׁנָּתַתָּ פִּסַּת לֶחֶם לֶאֱכוֹל וּבֶגֶד לִלְבּוֹשׁ לְיַעֲקֹב אָבִינוּ הַנִּקְרָא אִישׁ תָּם. וְתִתְּנֵנוּ לְאַהֲבָה, לְחֵן וּלְחֶסֶד וּלְרַחֲמִים בְּעֵינֶיךָ וּבְעֵינֵי כָל רוֹאֵינוּ, וְיִהְיוּ דְבָרַי נִשְׁמָעִים

לַעֲבוֹדָתֶךָ, כְּשֵׁם שֶׁנָּתַתָּ אֶת יוֹסֵף צַדִּיקֶךָ בְּשָׁעָה שֶׁהִלְבִּישׁוֹ אָבִיו כְּתֹנֶת פַּסִּים לְחֵן וּלְחֶסֶד וּלְרַחֲמִים בְּעֵינֶיךָ וּבְעֵינֵי כָל רוֹאָיו. וְתַעֲשֶׂה עִמִּי נִפְלָאוֹת וְנִסִּים, וּלְטוֹבָה אוֹת, וְתַצְלִיחֵנִי בִּדְרָכַי, וְתֵן בְּלִבִּי בִּינָה לְהָבִין וּלְהַשְׂכִּיל וּלְקַיֵּם אֶת כָּל דִּבְרֵי תַלְמוּד תּוֹרָתֶךָ וְסוֹדוֹתֶיהָ, וְתַצִּילֵנִי מִשְּׁגִיאוֹת, וּתְטַהֵר רַעְיוֹנַי וְלִבִּי לַעֲבוֹדָתֶךָ וּלְיִרְאָתֶךָ. וְתַאֲרִיךְ יָמַי (יאמר מה ששייך אליו: וִימֵי אָבִי וְאִמִּי וְאִשְׁתִּי וּבָנַי וּבְנוֹתַי) בְּטוֹב וּבִנְעִימוֹת, בְּרֹב עֹז וְשָׁלוֹם, אָמֵן סֶלָה:

אחר הדוכן אומרים הקהל זה:

אַדִּיר בַּמָּרוֹם, שׁוֹכֵן בִּגְבוּרָה, אַתָּה שָׁלוֹם וְשִׁמְךָ שָׁלוֹם. יְהִי רָצוֹן שֶׁתָּשִׂים עָלֵינוּ וְעַל כָּל עַמְּךָ בֵּית יִשְׂרָאֵל חַיִּים וּבְרָכָה לְמִשְׁמֶרֶת שָׁלוֹם:

אחר הדוכן אומרים הכהנים זה:

רִבּוֹנוֹ שֶׁל עוֹלָם, עָשִׂינוּ מַה שֶּׁגָּזַרְתָּ עָלֵינוּ, אַף אַתָּה עֲשֵׂה עִמָּנוּ כְּמָה שֶׁהִבְטַחְתָּנוּ, הַשְׁקִיפָה מִמְּעוֹן קָדְשְׁךָ, מִן הַשָּׁמַיִם, וּבָרֵךְ אֶת עַמְּךָ אֶת יִשְׂרָאֵל, וְאֵת הָאֲדָמָה אֲשֶׁר נָתַתָּה לָנוּ, כַּאֲשֶׁר נִשְׁבַּעְתָּ לַאֲבוֹתֵינוּ אֶרֶץ זָבַת חָלָב וּדְבָשׁ:

שִׂים שָׁלוֹם טוֹבָה וּבְרָכָה, חֵן וָחֶסֶד וְרַחֲמִים, עָלֵינוּ וְעַל כָּל יִשְׂרָאֵל עַמֶּךָ. בָּרְכֵנוּ, אָבִינוּ, כֻּלָּנוּ כְּאֶחָד בְּאוֹר פָּנֶיךָ, כִּי בְאוֹר פָּנֶיךָ נָתַתָּ

לָנוּ, יְיָ אֱלֹהֵינוּ, תּוֹרַת חַיִּים וְאַהֲבַת חֶסֶד, וּצְדָקָה וּבְרָכָה וְרַחֲמִים וְחַיִּים וְשָׁלוֹם, וְטוֹב בְּעֵינֶיךָ לְבָרֵךְ אֶת עַמְּךָ יִשְׂרָאֵל בְּכָל עֵת וּבְכָל שָׁעָה בִּשְׁלוֹמֶךָ:

בְּסֵפֶר חַיִּים, בְּרָכָה, וְשָׁלוֹם, וּפַרְנָסָה טוֹבָה, נִזָּכֵר וְנִכָּתֵב לְפָנֶיךָ, אֲנַחְנוּ וְכָל עַמְּךָ בֵּית יִשְׂרָאֵל, לְחַיִּים טוֹבִים וּלְשָׁלוֹם:

וְנֶאֱמַר, כִּי בִי יִרְבּוּ יָמֶיךָ, וְיוֹסִיפוּ לְךָ שְׁנוֹת חַיִּים. לְחַיִּים טוֹבִים תִּכְתְּבֵנוּ, אֱלֹהִים חַיִּים. כָּתְבֵנוּ בְּסֵפֶר הַחַיִּים, כַּכָּתוּב, וְאַתֶּם הַדְּבֵקִים בַּיְיָ אֱלֹהֵיכֶם, חַיִּים כֻּלְּכֶם הַיּוֹם:

פותחין הארון

הַיּוֹם תְּאַמְּצֵנוּ: אָמֵן.

הַיּוֹם תְּבָרְכֵנוּ: אָמֵן.

הַיּוֹם תְּגַדְּלֵנוּ: אָמֵן.

הַיּוֹם תִּדְרְשֵׁנוּ לְטוֹבָה: אָמֵן.

הַיּוֹם תִּשְׁמַע שַׁוְעָתֵנוּ: אָמֵן.

הַיּוֹם תְּקַבֵּל בְּרַחֲמִים וּבְרָצוֹן
אֶת תְּפִלָּתֵנוּ: אָמֵן.

הַיּוֹם תִּתְמְכֵנוּ בִּימִין צִדְקֶךָ: אָמֵן.

סוגרין הארון

כְּהַיּוֹם הַזֶּה תְּבִיאֵנוּ שָׂשִׂים וּשְׂמֵחִים בְּבִנְיַן שָׁלֵם, כַּכָּתוּב עַל יַד נְבִיאֶךָ, וַהֲבִיאוֹתִים אֶל הַר קָדְשִׁי, וְשִׂמַּחְתִּים

בְּבֵית תְּפִלָּתִי, עוֹלֹתֵיהֶם וְזִבְחֵיהֶם לְרָצוֹן עַל מִזְבְּחִי, כִּי בֵיתִי בֵּית תְּפִלָּה יִקָּרֵא לְכָל הָעַמִּים. וְנֶאֱמַר, וַיְצַוֵּנוּ יְיָ לַעֲשׂוֹת אֶת כָּל הַחֻקִּים הָאֵלֶּה, לְיִרְאָה אֶת יְיָ אֱלֹהֵינוּ, לְטוֹב לָנוּ כָּל הַיָּמִים, לְחַיֹּתֵנוּ כְּהַיּוֹם הַזֶּה. וְנֶאֱמַר, וּצְדָקָה תִּהְיֶה לָּנוּ, כִּי נִשְׁמֹר לַעֲשׂוֹת אֶת כָּל הַמִּצְוָה הַזֹּאת לִפְנֵי יְיָ אֱלֹהֵינוּ, כַּאֲשֶׁר צִוָּנוּ. וּצְדָקָה וּבְרָכָה וְרַחֲמִים וְחַיִּים וְשָׁלוֹם יִהְיֶה לָנוּ וּלְכָל יִשְׂרָאֵל עַד הָעוֹלָם:

בָּרוּךְ אַתָּה יְיָ, עוֹשֵׂה הַשָּׁלוֹם:

קדיש תתקבל - בסוף המחזור

לפני "תתקבל" תוקעין, ובשבת אין תוקעין

קַוֵּה אֶל יְיָ, חֲזַק וְיַאֲמֵץ לִבֶּךָ, וְקַוֵּה אֶל יְיָ. אֵין קָדוֹשׁ כַּייָ, כִּי אֵין בִּלְתֶּךָ, וְאֵין צוּר כֵּאלֹהֵינוּ. כִּי מִי אֱלוֹהַּ מִבַּלְעֲדֵי יְיָ, וּמִי צוּר זוּלָתִי אֱלֹהֵינוּ:

אֵין כֵּאלֹהֵינוּ, אֵין כַּאדוֹנֵינוּ, אֵין כְּמַלְכֵּנוּ, אֵין כְּמוֹשִׁיעֵנוּ. מִי כֵאלֹהֵינוּ, מִי כַאדוֹנֵינוּ, מִי כְמַלְכֵּנוּ, מִי כְמוֹשִׁיעֵנוּ. נוֹדֶה לֵאלֹהֵינוּ, נוֹדֶה לַאדוֹנֵינוּ, נוֹדֶה לְמַלְכֵּנוּ, נוֹדֶה לְמוֹשִׁיעֵנוּ. בָּרוּךְ אֱלֹהֵינוּ, בָּרוּךְ אֲדוֹנֵינוּ, בָּרוּךְ מַלְכֵּנוּ, בָּרוּךְ מוֹשִׁיעֵנוּ. אַתָּה הוּא אֱלֹהֵינוּ, אַתָּה הוּא אֲדוֹנֵינוּ, אַתָּה הוּא מַלְכֵּנוּ, אַתָּה הוּא מוֹשִׁיעֵנוּ. אַתָּה הוּא

שֶׁהִקְטִירוּ אֲבוֹתֵינוּ לְפָנֶיךָ אֶת קְטֹרֶת הַסַּמִּים:

פִּטּוּם הַקְּטֹרֶת, הַצֳּרִי, וְהַצִּפֹּרֶן, הַחֶלְבְּנָה, וְהַלְּבוֹנָה, מִשְׁקַל שִׁבְעִים שִׁבְעִים מָנֶה. מוֹר, וּקְצִיעָה, שִׁבֹּלֶת נֵרְדְּ, וְכַרְכֹּם, מִשְׁקַל שִׁשָּׁה עָשָׂר שִׁשָּׁה עָשָׂר מָנֶה. הַקֹּשְׁטְ שְׁנֵים עָשָׂר, וְקִלּוּפָה שְׁלֹשָׁה, וְקִנָּמוֹן תִּשְׁעָה. בֹּרִית כַּרְשִׁינָה תִּשְׁעָה קַבִּין, יֵין קַפְרִיסִין סְאִין תְּלָתָא וְקַבִּין תְּלָתָא, וְאִם אֵין לוֹ יֵין קַפְרִיסִין, מֵבִיא חֲמַר חִוַּרְיָן עַתִּיק, מֶלַח סְדוֹמִית רֹבַע הַקָּב, מַעֲלֶה עָשָׁן כָּל שֶׁהוּא. רַבִּי נָתָן הַבַּבְלִי אוֹמֵר, אַף כִּפַּת הַיַּרְדֵּן כָּל שֶׁהוּא. וְאִם נָתַן בָּהּ דְּבַשׁ פְּסָלָהּ. וְאִם חִסַּר אַחַת מִכָּל סַמָּנֶיהָ, חַיָּב מִיתָה:

רַבָּן שִׁמְעוֹן בֶּן גַּמְלִיאֵל אוֹמֵר, הַצֳּרִי אֵינוֹ אֶלָּא שְׂרָף הַנּוֹטֵף מֵעֲצֵי הַקְּטָף. בֹּרִית כַּרְשִׁינָה שֶׁשָּׁפִין בָּהּ אֶת הַצִּפֹּרֶן כְּדֵי שֶׁתְּהֵא נָאָה, יֵין קַפְרִיסִין שֶׁשּׁוֹרִין בּוֹ אֶת הַצִּפֹּרֶן כְּדֵי שֶׁתְּהֵא עַזָּה, וַהֲלֹא מֵי רַגְלַיִם יָפִין לָהּ, אֶלָּא שֶׁאֵין מַכְנִיסִין מֵי רַגְלַיִם בָּעֲזָרָה מִפְּנֵי הַכָּבוֹד:

הַשִּׁיר שֶׁהַלְוִיִּם הָיוּ אוֹמְרִים בְּבֵית הַמִּקְדָּשׁ. בַּיּוֹם הָרִאשׁוֹן הָיוּ אוֹמְרִים, לַיְיָ הָאָרֶץ וּמְלוֹאָהּ, תֵּבֵל וְיֹשְׁבֵי בָהּ: בַּשֵּׁנִי הָיוּ אוֹמְרִים, גָּדוֹל יְיָ וּמְהֻלָּל מְאֹד, בְּעִיר אֱלֹהֵינוּ הַר קָדְשׁוֹ: בַּשְּׁלִישִׁי הָיוּ אוֹמְרִים, אֱלֹהִים נִצָּב בַּעֲדַת אֵל, בְּקֶרֶב אֱלֹהִים יִשְׁפֹּט: בָּרְבִיעִי הָיוּ אוֹמְרִים, אֵל נְקָמוֹת יְיָ, אֵל נְקָמוֹת הוֹפִיעַ: בַּחֲמִישִׁי הָיוּ אוֹמְרִים, הַרְנִינוּ לֵאלֹהִים עוּזֵּנוּ, הָרִיעוּ

לֵאלֹהֵי יַעֲקֹב: בַּשִּׁשִּׁי הָיוּ אוֹמְרִים, יְיָ מָלָךְ גֵּאוּת לָבֵשׁ, לָבֵשׁ יְיָ עֹז הִתְאַזָּר, אַף תִּכּוֹן תֵּבֵל בַּל תִּמּוֹט: בַּשַּׁבָּת הָיוּ אוֹמְרִים, מִזְמוֹר שִׁיר לְיוֹם הַשַּׁבָּת: מִזְמוֹר שִׁיר לֶעָתִיד לָבֹא, לְיוֹם שֶׁכֻּלּוֹ שַׁבָּת וּמְנוּחָה לְחַיֵּי הָעוֹלָמִים:

תָּנָא דְבֵי אֵלִיָּהוּ, כָּל הַשּׁוֹנֶה הֲלָכוֹת בְּכָל יוֹם, מֻבְטָח לוֹ שֶׁהוּא בֶּן עוֹלָם הַבָּא, שֶׁנֶּאֱמַר, הֲלִיכוֹת עוֹלָם לוֹ, אַל תִּקְרֵי הֲלִיכוֹת, אֶלָּא הֲלָכוֹת:

אָמַר רַבִּי אֶלְעָזָר אָמַר רַבִּי חֲנִינָא, תַּלְמִידֵי חֲכָמִים מַרְבִּים שָׁלוֹם בָּעוֹלָם, שֶׁנֶּאֱמַר, וְכָל בָּנַיִךְ לִמּוּדֵי יְיָ, וְרַב שְׁלוֹם בָּנָיִךְ, אַל תִּקְרֵי בָּנָיִךְ אֶלָּא בּוֹנָיִךְ. שָׁלוֹם רָב לְאֹהֲבֵי תוֹרָתֶךָ, וְאֵין לָמוֹ מִכְשׁוֹל. יְהִי

שָׁלוֹם בְּחֵילֵךְ, שַׁלְוָה בְּאַרְמְנוֹתָיִךְ. לְמַעַן אַחַי וְרֵעָי, אֲדַבְּרָה נָּא שָׁלוֹם בָּךְ. לְמַעַן בֵּית יְיָ אֱלֹהֵינוּ, אֲבַקְשָׁה טוֹב לָךְ. יְיָ עֹז לְעַמּוֹ יִתֵּן, יְיָ יְבָרֵךְ אֶת עַמּוֹ בַשָּׁלוֹם:

קדיש דרבנן - בסוף המחזור

עָלֵינוּ לְשַׁבֵּחַ לַאֲדוֹן הַכֹּל, לָתֵת גְּדֻלָּה לְיוֹצֵר בְּרֵאשִׁית, שֶׁלֹּא עָשָׂנוּ כְּגוֹיֵי הָאֲרָצוֹת, וְלֹא שָׂמָנוּ כְּמִשְׁפְּחוֹת הָאֲדָמָה, שֶׁלֹּא שָׂם חֶלְקֵנוּ כָּהֶם, וְגוֹרָלֵנוּ כְּכָל הֲמוֹנָם. וַאֲנַחְנוּ כּוֹרְעִים וּמִשְׁתַּחֲוִים וּמוֹדִים, לִפְנֵי מֶלֶךְ, מַלְכֵי הַמְּלָכִים, הַקָּדוֹשׁ בָּרוּךְ הוּא. שֶׁהוּא נוֹטֶה שָׁמַיִם וְיֹסֵד אָרֶץ,

וּמוֹשַׁב יְקָרוֹ בַּשָּׁמַיִם מִמַּעַל, וּשְׁכִינַת עֻזּוֹ בְּגָבְהֵי מְרוֹמִים, הוּא אֱלֹהֵינוּ אֵין עוֹד. אֱמֶת מַלְכֵּנוּ אֶפֶס זוּלָתוֹ, כַּכָּתוּב בְּתוֹרָתוֹ, וְיָדַעְתָּ הַיּוֹם וַהֲשֵׁבֹתָ אֶל לְבָבֶךָ, כִּי יְיָ הוּא הָאֱלֹהִים בַּשָּׁמַיִם מִמַּעַל, וְעַל הָאָרֶץ מִתָּחַת, אֵין עוֹד:

עַל כֵּן נְקַוֶּה לְךָ יְיָ אֱלֹהֵינוּ, לִרְאוֹת מְהֵרָה בְּתִפְאֶרֶת עֻזֶּךָ, לְהַעֲבִיר גִּלּוּלִים מִן הָאָרֶץ וְהָאֱלִילִים כָּרוֹת יִכָּרֵתוּן. לְתַקֵּן עוֹלָם בְּמַלְכוּת שַׁדַּי, וְכָל בְּנֵי בָשָׂר יִקְרְאוּ בִשְׁמֶךָ. לְהַפְנוֹת אֵלֶיךָ כָּל

רִשְׁעֵי אָרֶץ. יַכִּירוּ וְיֵדְעוּ כָּל יוֹשְׁבֵי תֵבֵל, כִּי לְךָ תִּכְרַע כָּל בֶּרֶךְ, תִּשָּׁבַע כָּל לָשׁוֹן. לְפָנֶיךָ יְיָ אֱלֹהֵינוּ יִכְרְעוּ וְיִפֹּלוּ. וְלִכְבוֹד שִׁמְךָ יְקָר יִתֵּנוּ. וִיקַבְּלוּ כֻלָּם אֶת עוֹל מַלְכוּתֶךָ. וְתִמְלֹךְ עֲלֵיהֶם מְהֵרָה לְעוֹלָם וָעֶד. כִּי הַמַּלְכוּת שֶׁלְּךָ הִיא, וּלְעוֹלְמֵי עַד תִּמְלוֹךְ בְּכָבוֹד. כַּכָּתוּב בְּתוֹרָתֶךָ, יְיָ יִמְלֹךְ לְעוֹלָם וָעֶד. וְנֶאֱמַר, וְהָיָה יְיָ לְמֶלֶךְ עַל כָּל הָאָרֶץ, בַּיּוֹם הַהוּא יִהְיֶה יְיָ אֶחָד, וּשְׁמוֹ אֶחָד:

קדיש יתום - בסוף המחזור

שיר של יום
ליום שני:

הַיּוֹם יוֹם שֵׁנִי בַּשַּׁבָּת שֶׁבּוֹ הָיוּ הַלְוִיִּם אוֹמְרִים בְּבֵית הַמִּקְדָּשׁ:

שִׁיר מִזְמוֹר לִבְנֵי קֹרַח: גָּדוֹל יְיָ וּמְהֻלָּל מְאֹד, בְּעִיר אֱלֹהֵינוּ הַר קָדְשׁוֹ: יְפֵה נוֹף מְשׂוֹשׂ כָּל הָאָרֶץ הַר צִיּוֹן יַרְכְּתֵי צָפוֹן, קִרְיַת מֶלֶךְ רָב: אֱלֹהִים בְּאַרְמְנוֹתֶיהָ נוֹדַע לְמִשְׂגָּב: כִּי הִנֵּה הַמְּלָכִים נוֹעֲדוּ עָבְרוּ יַחְדָּו: הֵמָּה רָאוּ כֵּן תָּמָהוּ נִבְהֲלוּ נֶחְפָּזוּ: רְעָדָה אֲחָזָתַם שָׁם, חִיל כַּיּוֹלֵדָה: בְּרוּחַ קָדִים תְּשַׁבֵּר אֳנִיּוֹת תַּרְשִׁישׁ: כַּאֲשֶׁר שָׁמַעְנוּ כֵּן רָאִינוּ בְּעִיר יְיָ צְבָאוֹת, בְּעִיר אֱלֹהֵינוּ, אֱלֹהִים יְכוֹנְנֶהָ עַד עוֹלָם סֶלָה: דִּמִּינוּ אֱלֹהִים חַסְדֶּךָ

בְּקֶרֶב הֵיכָלֶךָ: כְּשִׁמְךָ אֱלֹהִים כֵּן תְּהִלָּתְךָ עַל קַצְוֵי אֶרֶץ, צֶדֶק מָלְאָה יְמִינֶךָ: יִשְׂמַח הַר צִיּוֹן, תָּגֵלְנָה בְּנוֹת יְהוּדָה, לְמַעַן מִשְׁפָּטֶיךָ: סֹבּוּ צִיּוֹן וְהַקִּיפוּהָ, סִפְרוּ מִגְדָּלֶיהָ: שִׁיתוּ לִבְּכֶם לְחֵילָה פַּסְּגוּ אַרְמְנוֹתֶיהָ, לְמַעַן תְּסַפְּרוּ לְדוֹר אַחֲרוֹן: כִּי זֶה אֱלֹהִים אֱלֹהֵינוּ עוֹלָם וָעֶד, הוּא יְנַהֲגֵנוּ עַל מוּת:

קדיש יתום - בסוף המחזור

ליום שלישי:

הַיּוֹם יוֹם שְׁלִישִׁי בְּשַׁבָּת שֶׁבּוֹ הָיוּ הַלְוִיִּם אוֹמְרִים בְּבֵית הַמִּקְדָּשׁ:

מִזְמוֹר לְאָסָף, אֱלֹהִים נִצָּב בַּעֲדַת אֵל, בְּקֶרֶב אֱלֹהִים יִשְׁפֹּט: עַד מָתַי תִּשְׁפְּטוּ עָוֶל, וּפְנֵי רְשָׁעִים תִּשְׂאוּ סֶלָה: שִׁפְטוּ

דָּל וְיָתוֹם, עָנִי וָרָשׁ הַצְדִּיקוּ: פַּלְּטוּ דַל וְאֶבְיוֹן, מִיַּד רְשָׁעִים הַצִּילוּ: לֹא יָדְעוּ וְלֹא יָבִינוּ, בַּחֲשֵׁכָה יִתְהַלָּכוּ, יִמּוֹטוּ כָּל מוֹסְדֵי אָרֶץ: אֲנִי אָמַרְתִּי אֱלֹהִים אַתֶּם, וּבְנֵי עֶלְיוֹן כֻּלְּכֶם: אָכֵן כְּאָדָם תְּמוּתוּן, וּכְאַחַד הַשָּׂרִים תִּפֹּלוּ: קוּמָה אֱלֹהִים שָׁפְטָה הָאָרֶץ, כִּי אַתָּה תִנְחַל בְּכָל הַגּוֹיִם:

קדיש יתום - בסוף המחזור

ליום חמישי:

הַיּוֹם יוֹם חֲמִישִׁי בַּשַּׁבָּת שֶׁבּוֹ הָיוּ הַלְוִיִּם אוֹמְרִים בְּבֵית הַמִּקְדָּשׁ:

לַמְנַצֵּחַ עַל הַגִּתִּית לְאָסָף: הַרְנִינוּ לֵאלֹהִים עוּזֵּנוּ, הָרִיעוּ לֵאלֹהֵי יַעֲקֹב:

שְׂאוּ זִמְרָה וּתְנוּ תֹף, כִּנּוֹר נָעִים עִם נָבֶל: תִּקְעוּ בַחֹדֶשׁ שׁוֹפָר, בַּכֵּסֶה לְיוֹם חַגֵּנוּ: כִּי חֹק לְיִשְׂרָאֵל הוּא, מִשְׁפָּט לֵאלֹהֵי יַעֲקֹב: עֵדוּת בִּיהוֹסֵף שָׂמוֹ בְּצֵאתוֹ עַל אֶרֶץ מִצְרָיִם, שְׂפַת לֹא יָדַעְתִּי אֶשְׁמָע: הֲסִירוֹתִי מִסֵּבֶל שִׁכְמוֹ, כַּפָּיו מִדּוּד תַּעֲבֹרְנָה: בַּצָּרָה קָרָאתָ וָאֲחַלְּצֶךָּ אֶעֶנְךָ בְּסֵתֶר רַעַם, אֶבְחָנְךָ עַל מֵי מְרִיבָה סֶלָה: שְׁמַע עַמִּי וְאָעִידָה בָּךְ, יִשְׂרָאֵל אִם תִּשְׁמַע לִי: לֹא יִהְיֶה בְךָ אֵל זָר, וְלֹא תִשְׁתַּחֲוֶה לְאֵל נֵכָר: אָנֹכִי יְיָ אֱלֹהֶיךָ, הַמַּעַלְךָ מֵאֶרֶץ מִצְרָיִם, הַרְחֶב פִּיךָ וַאֲמַלְאֵהוּ: וְלֹא שָׁמַע עַמִּי לְקוֹלִי, וְיִשְׂרָאֵל לֹא אָבָה לִי: וָאֲשַׁלְּחֵהוּ בִּשְׁרִירוּת לִבָּם, יֵלְכוּ בְּמוֹעֲצוֹתֵיהֶם: לוּ

עַמִּי שֹׁמֵעַ לִי, יִשְׂרָאֵל בִּדְרָכַי יְהַלֵּכוּ: כִּמְעַט אוֹיְבֵיהֶם אַכְנִיעַ, וְעַל צָרֵיהֶם אָשִׁיב יָדִי: מְשַׂנְאֵי יְיָ יְכַחֲשׁוּ לוֹ, וִיהִי עִתָּם לְעוֹלָם: וַיַּאֲכִילֵהוּ מֵחֵלֶב חִטָּה, וּמִצּוּר דְּבַשׁ אַשְׂבִּיעֶךָ:

קדיש יתום - בסוף המחזור

ליום שבת:

הַיּוֹם יוֹם שַׁבַּת קֹדֶשׁ שֶׁבּוֹ הָיוּ הַלְוִיִּם אוֹמְרִים בְּבֵית הַמִּקְדָּשׁ:

מִזְמוֹר שִׁיר לְיוֹם הַשַּׁבָּת: טוֹב לְהֹדוֹת לַייָ וּלְזַמֵּר לְשִׁמְךָ עֶלְיוֹן: לְהַגִּיד בַּבֹּקֶר חַסְדֶּךָ וֶאֱמוּנָתְךָ בַּלֵּילוֹת: עֲלֵי עָשׂוֹר וַעֲלֵי נָבֶל עֲלֵי הִגָּיוֹן בְּכִנּוֹר: כִּי שִׂמַּחְתַּנִי יְיָ בְּפָעֳלֶךָ בְּמַעֲשֵׂי יָדֶיךָ אֲרַנֵּן: מַה גָּדְלוּ

מַעֲשֶׂיךָ יְיָ מְאֹד עָמְקוּ מַחְשְׁבֹתֶיךָ: אִישׁ
בַּעַר לֹא יֵדָע וּכְסִיל לֹא יָבִין אֶת זֹאת:
בִּפְרֹחַ רְשָׁעִים כְּמוֹ עֵשֶׂב וַיָּצִיצוּ כָּל
פֹּעֲלֵי אָוֶן לְהִשָּׁמְדָם עֲדֵי עַד: וְאַתָּה
מָרוֹם לְעֹלָם יְיָ: כִּי הִנֵּה אֹיְבֶיךָ יְיָ כִּי
הִנֵּה אֹיְבֶיךָ יֹאבֵדוּ יִתְפָּרְדוּ כָּל פֹּעֲלֵי
אָוֶן: וַתָּרֶם כִּרְאֵים קַרְנִי בַּלֹּתִי בְּשֶׁמֶן
רַעֲנָן: וַתַּבֵּט עֵינִי בְּשׁוּרָי בַּקָּמִים עָלַי
מְרֵעִים תִּשְׁמַעְנָה אָזְנָי: צַדִּיק כַּתָּמָר
יִפְרָח כְּאֶרֶז בַּלְּבָנוֹן יִשְׂגֶּה: שְׁתוּלִים
בְּבֵית יְיָ בְּחַצְרוֹת אֱלֹהֵינוּ יַפְרִיחוּ: עוֹד
יְנוּבוּן בְּשֵׂיבָה דְּשֵׁנִים וְרַעֲנַנִּים יִהְיוּ:
לְהַגִּיד כִּי יָשָׁר יְיָ צוּרִי וְלֹא עַוְלָתָה בּוֹ:

קדיש יתום - בסוף המחזור

לְדָוִד יְיָ אוֹרִי וְיִשְׁעִי מִמִּי אִירָא, יְיָ מָעוֹז חַיַּי מִמִּי אֶפְחָד: בִּקְרֹב עָלַי מְרֵעִים, לֶאֱכֹל אֶת בְּשָׂרִי צָרַי וְאֹיְבַי לִי הֵמָּה כָּשְׁלוּ וְנָפָלוּ: אִם תַּחֲנֶה עָלַי מַחֲנֶה לֹא יִירָא לִבִּי, אִם תָּקוּם עָלַי מִלְחָמָה בְּזֹאת אֲנִי בוֹטֵחַ: אַחַת שָׁאַלְתִּי מֵאֵת יְיָ, אוֹתָהּ אֲבַקֵּשׁ שִׁבְתִּי בְּבֵית יְיָ, כָּל יְמֵי חַיַּי לַחֲזוֹת בְּנֹעַם יְיָ וּלְבַקֵּר בְּהֵיכָלוֹ: כִּי יִצְפְּנֵנִי בְּסֻכֹּה בְּיוֹם רָעָה, יַסְתִּרֵנִי בְּסֵתֶר אָהֳלוֹ בְּצוּר יְרוֹמְמֵנִי: וְעַתָּה יָרוּם רֹאשִׁי, עַל אֹיְבַי סְבִיבוֹתַי וְאֶזְבְּחָה בְאָהֳלוֹ זִבְחֵי תְרוּעָה, אָשִׁירָה וַאֲזַמְּרָה לַייָ: שְׁמַע יְיָ קוֹלִי אֶקְרָא, וְחָנֵּנִי וַעֲנֵנִי: לְךָ אָמַר לִבִּי, בַּקְּשׁוּ פָנָי, אֶת פָּנֶיךָ יְיָ אֲבַקֵּשׁ: אַל תַּסְתֵּר פָּנֶיךָ מִמֶּנִּי, אַל תַּט בְּאַף עַבְדֶּךָ,

עֶזְרָתִי הָיִיתָ, אַל תִּטְּשֵׁנִי וְאַל תַּעַזְבֵנִי אֱלֹהֵי יִשְׁעִי: כִּי אָבִי וְאִמִּי עֲזָבוּנִי, וַייָ יַאַסְפֵנִי: הוֹרֵנִי יְיָ דַּרְכֶּךָ, וּנְחֵנִי בְּאֹרַח מִישׁוֹר, לְמַעַן שׁוֹרְרָי: אַל תִּתְּנֵנִי בְּנֶפֶשׁ צָרָי, כִּי קָמוּ בִי עֵדֵי שֶׁקֶר וִיפֵחַ חָמָס: לוּלֵא הֶאֱמַנְתִּי, לִרְאוֹת בְּטוּב יְיָ בְּאֶרֶץ חַיִּים: קַוֵּה אֶל יְיָ, חֲזַק וְיַאֲמֵץ לִבֶּךָ וְקַוֵּה אֶל יְיָ:

קדיש יתום - בסוף המחזור

שיר הכבוד

פותחין הארון

חזן: אַנְעִים זְמִירוֹת וְשִׁירִים אֶאֱרוֹג. כִּי אֵלֶיךָ נַפְשִׁי תַעֲרוֹג:

קהל: נַפְשִׁי חָמְדָה בְּצֵל יָדֶךָ. לָדַעַת כָּל רָז סוֹדֶךָ:

חזן: מְדֵי דַבְּרִי בִּכְבוֹדֶךָ. הוֹמֶה לִבִּי אֶל דּוֹדֶיךָ:

קהל: עַל כֵּן אֲדַבֵּר בְּךָ נִכְבָּדוֹת. וְשִׁמְךָ אֲכַבֵּד בְּשִׁירֵי יְדִידוֹת:

חזן: אֲסַפְּרָה כְבוֹדְךָ וְלֹא רְאִיתִיךָ. אֲדַמְּךָ אֲכַנְּךָ וְלֹא יְדַעְתִּיךָ:

קהל: בְּיַד נְבִיאֶיךָ בְּסוֹד עֲבָדֶיךָ. דִּמִּיתָ הֲדַר כְּבוֹד הוֹדֶךָ:

חזן: גְּדֻלָּתְךָ וּגְבוּרָתֶךָ. כִּנּוּ לְתֹקֶף פְּעֻלָּתֶךָ:

קהל: דִּמּוּ אוֹתְךָ וְלֹא כְּפִי יֶשְׁךָ, וַיְשַׁוּוּךָ לְפִי מַעֲשֶׂיךָ:

חזן: הִמְשִׁילוּךָ בְּרוֹב חֶזְיוֹנוֹת. הִנְּךָ אֶחָד בְּכָל דִּמְיוֹנוֹת:

קהל: וַיֶּחֱזוּ בְךָ זִקְנָה וּבַחֲרוּת. וּשְׂעַר רֹאשְׁךָ בְּשֵׂיבָה וְשַׁחֲרוּת:

חזן: זִקְנָה בְּיוֹם דִּין וּבַחֲרוּת בְּיוֹם קְרָב. כְּאִישׁ מִלְחָמוֹת יָדָיו לוֹ רָב:

קהל: חָבַשׁ כּוֹבַע יְשׁוּעָה בְּרֹאשׁוֹ. הוֹשִׁיעָה לּוֹ יְמִינוֹ וּזְרוֹעַ קָדְשׁוֹ:

חזן: טַלְלֵי אוֹרוֹת רֹאשׁוֹ נִמְלָא. קְוֻצּוֹתָיו רְסִיסֵי לָיְלָה:

קהל: יִתְפָּאֵר בִּי כִּי חָפֵץ בִּי. וְהוּא יִהְיֶה לִּי לַעֲטֶרֶת צְבִי:

חזן: כֶּתֶם טָהוֹר פָּז דְּמוּת רֹאשׁוֹ. וְחַק עַל מֵצַח כְּבוֹד שֵׁם קָדְשׁוֹ:

קהל: לְחֵן וּלְכָבוֹד צְבִי תִפְאָרָה. אֻמָּתוֹ לוֹ עִטְּרָה עֲטָרָה:

חזן: מַחְלְפוֹת רֹאשׁוֹ כְּבִימֵי בְחֻרוֹת. קְוֻצּוֹתָיו תַּלְתַּלִּים שְׁחוֹרוֹת:

קהל: נְוֵה הַצֶּדֶק צְבִי תִפְאַרְתּוֹ. יַעֲלֶה נָּא עַל רֹאשׁ שִׂמְחָתוֹ:

חזן: סְגֻלָּתוֹ תְּהִי בְיָדוֹ עֲטֶרֶת. וּצְנִיף מְלוּכָה צְבִי תִפְאֶרֶת:

חזן: בִּרְכָתִי תַּעֲלֶה לְרֹאשׁ מַשְׁבִּיר. מְחוֹלֵל וּמוֹלִיד צַדִּיק כַּבִּיר:

קהל: וּבְבִרְכָתִי תְּנַעֲנַע לִי רֹאשׁ. וְאוֹתָהּ קַח לְךָ כִּבְשָׂמִים רֹאשׁ:

חזן: יֶעֱרַב נָא שִׂיחִי עָלֶיךָ. כִּי נַפְשִׁי תַּעֲרוֹג אֵלֶיךָ:

לְךָ יְיָ הַגְּדֻלָּה וְהַגְּבוּרָה וְהַתִּפְאֶרֶת וְהַנֵּצַח וְהַהוֹד, כִּי כֹל בַּשָּׁמַיִם וּבָאָרֶץ, לְךָ יְיָ הַמַּמְלָכָה וְהַמִּתְנַשֵּׂא לְכֹל לְרֹאשׁ. מִי יְמַלֵּל גְּבוּרוֹת יְיָ, יַשְׁמִיעַ כָּל תְּהִלָּתוֹ:

סוגרין הארון

קדיש יתום - בסוף המחזור

קידושא רבה לראש השנה

לשבת: וְשָׁמְרוּ בְנֵי יִשְׂרָאֵל אֶת הַשַּׁבָּת, לַעֲשׂוֹת אֶת הַשַּׁבָּת לְדֹרֹתָם בְּרִית עוֹלָם: בֵּינִי וּבֵין בְּנֵי יִשְׂרָאֵל אוֹת הִיא לְעֹלָם, כִּי שֵׁשֶׁת

יָמִים עָשָׂה יְיָ אֶת הַשָּׁמַיִם וְאֶת הָאָרֶץ, וּבַיּוֹם הַשְּׁבִיעִי שָׁבַת וַיִּנָּפַשׁ:

זָכוֹר אֶת יוֹם הַשַּׁבָּת לְקַדְּשׁוֹ: שֵׁשֶׁת יָמִים תַּעֲבֹד וְעָשִׂיתָ כָּל מְלַאכְתֶּךָ: וְיוֹם הַשְּׁבִיעִי שַׁבָּת לַייָ אֱלֹהֶיךָ, לֹא תַעֲשֶׂה כָל מְלָאכָה, אַתָּה וּבִנְךָ וּבִתֶּךָ עַבְדְּךָ וַאֲמָתְךָ וּבְהֶמְתֶּךָ, וְגֵרְךָ אֲשֶׁר בִּשְׁעָרֶיךָ: כִּי שֵׁשֶׁת יָמִים עָשָׂה יְיָ אֶת הַשָּׁמַיִם וְאֶת הָאָרֶץ אֶת הַיָּם וְאֶת כָּל אֲשֶׁר בָּם, וַיָּנַח בַּיּוֹם הַשְּׁבִיעִי:

עַל כֵּן בֵּרַךְ יְיָ אֶת יוֹם הַשַּׁבָּת וַיְקַדְּשֵׁהוּ:

כשחל בחול מתחילין כאן:

וַיְדַבֵּר מֹשֶׁה אֶת מוֹעֲדֵי יְיָ אֶל בְּנֵי יִשְׂרָאֵל:

תִּקְעוּ בַחֹדֶשׁ שׁוֹפָר, בַּכֶּסֶה לְיוֹם חַגֵּנוּ: כִּי חֹק לְיִשְׂרָאֵל הוּא, מִשְׁפָּט לֵאלֹהֵי יַעֲקֹב:

סַבְרִי מָרָנָן וְרַבָּנָן וְרַבּוֹתַי:

בָּרוּךְ אַתָּה יְיָ אֱלֹהֵינוּ מֶלֶךְ הָעוֹלָם, בּוֹרֵא פְּרִי הַגָּפֶן:

חזרת הש״ץ לתפלת מוסף ליום ב׳

פותחין הארון

כִּי שֵׁם יְיָ אֶקְרָא, הָבוּ גֹדֶל לֵאלֹהֵינוּ:
אֲדֹנָי שְׂפָתַי תִּפְתָּח וּפִי יַגִּיד תְּהִלָּתֶךָ:

בָּרוּךְ אַתָּה יְיָ אֱלֹהֵינוּ וֵאלֹהֵי אֲבוֹתֵינוּ, אֱלֹהֵי אַבְרָהָם, אֱלֹהֵי יִצְחָק, וֵאלֹהֵי יַעֲקֹב. הָאֵל הַגָּדוֹל הַגִּבּוֹר וְהַנּוֹרָא, אֵל עֶלְיוֹן, גּוֹמֵל חֲסָדִים טוֹבִים, וְקוֹנֵה הַכֹּל, וְזוֹכֵר חַסְדֵי אָבוֹת, וּמֵבִיא גוֹאֵל לִבְנֵי בְנֵיהֶם לְמַעַן שְׁמוֹ בְּאַהֲבָה:

זָכְרֵנוּ לְחַיִּים, מֶלֶךְ חָפֵץ בַּחַיִּים, וְכָתְבֵנוּ בְּסֵפֶר הַחַיִּים, לְמַעַנְךָ אֱלֹהִים חַיִּים:

מֶלֶךְ עוֹזֵר וּמוֹשִׁיעַ וּמָגֵן. בָּרוּךְ אַתָּה יְיָ, מָגֵן אַבְרָהָם:

אַתָּה גִּבּוֹר לְעוֹלָם, אֲדֹנָי, מְחַיֵּה מֵתִים אַתָּה, רַב לְהוֹשִׁיעַ:

מְכַלְכֵּל חַיִּים בְּחֶסֶד, מְחַיֵּה מֵתִים בְּרַחֲמִים רַבִּים, סוֹמֵךְ נוֹפְלִים, וְרוֹפֵא חוֹלִים, וּמַתִּיר אֲסוּרִים, וּמְקַיֵּם אֱמוּנָתוֹ לִישֵׁנֵי עָפָר. מִי כָמוֹךָ, בַּעַל גְּבוּרוֹת, וּמִי דּוֹמֶה לָּךְ, מֶלֶךְ מֵמִית וּמְחַיֶּה וּמַצְמִיחַ יְשׁוּעָה:

מִי כָמוֹךָ אַב הָרַחֲמִים, זוֹכֵר יְצוּרָיו לְחַיִּים בְּרַחֲמִים:

וְנֶאֱמָן אַתָּה לְהַחֲיוֹת מֵתִים. בָּרוּךְ אַתָּה יְיָ, מְחַיֵּה הַמֵּתִים:

בקצת קהלות אומרים כאן "לאל עורך דין":

וּבְכֵן לְךָ הַכֹּל יַכְתִּירוּ:

לְאֵל עוֹרֵךְ דִּין.

לְבוֹחֵן לְבָבוֹת בְּיוֹם דִּין,

לְגוֹלֶה עֲמֻקוֹת בַּדִּין.

לְדוֹבֵר מֵישָׁרִים בְּיוֹם דִּין,

לְהוֹגֶה דֵעוֹת בַּדִּין.

לְוָתִיק וְעוֹשֶׂה חֶסֶד בְּיוֹם דִּין,

לְזוֹכֵר בְּרִיתוֹ בַּדִּין.

לְחוֹמֵל מַעֲשָׂיו בְּיוֹם דִּין,

לְטַהֵר חוֹסָיו בַּדִּין.

לְיוֹדֵעַ מַחֲשָׁבוֹת בְּיוֹם דִּין,

לְכוֹבֵשׁ כַּעֲסוֹ בַּדִּין.

לְלוֹבֵשׁ צְדָקוֹת בְּיוֹם דִּין,

לְמוֹחֵל עֲוֹנוֹת בַּדִּין.

לְנוֹרָא תְהִלּוֹת בְּיוֹם דִּין,

לְסוֹלֵחַ לַעֲמוּסָיו בַּדִּין.

לְעוֹנֶה לְקוֹרְאָיו בְּיוֹם דִּין,
לְפוֹעֵל רַחֲמָיו בַּדִּין.
לְצוֹפֶה נִסְתָּרוֹת בְּיוֹם דִּין,
לְקוֹנֶה עֲבָדָיו בַּדִּין.
לְרַחֵם עַמּוֹ בְּיוֹם דִּין,
לְשׁוֹמֵר אוֹהֲבָיו בַּדִּין.
לְתוֹמֵךְ תְּמִימָיו בְּיוֹם דִּין:

וּבְכֵן וּלְךָ תַעֲלֶה קְדֻשָּׁה, כִּי אַתָּה אֱלֹהֵינוּ מֶלֶךְ:

וּנְתַנֶּה תֹּקֶף קְדֻשַּׁת הַיּוֹם, כִּי הוּא נוֹרָא וְאָיוֹם. וּבוֹ תִנָּשֵׂא מַלְכוּתֶךָ, וְיִכּוֹן בְּחֶסֶד כִּסְאֶךָ,

וְתֵשֵׁב עָלָיו בֶּאֱמֶת. אֱמֶת כִּי
אַתָּה הוּא דַיָּן וּמוֹכִיחַ, וְיוֹדֵעַ
וָעֵד, וְכוֹתֵב וְחוֹתֵם, וְסוֹפֵר
וּמוֹנֶה, וְתִזְכּוֹר כָּל הַנִּשְׁכָּחוֹת.
וְתִפְתַּח אֶת סֵפֶר הַזִּכְרוֹנוֹת,
וּמֵאֵלָיו יִקָּרֵא, וְחוֹתָם יַד כָּל
אָדָם בּוֹ. וּבְשׁוֹפָר גָּדוֹל יִתָּקַע,
וְקוֹל דְּמָמָה דַקָּה יִשָּׁמַע.
וּמַלְאָכִים יֵחָפֵזוּן, וְחִיל וּרְעָדָה
יֹאחֵזוּן, וְיֹאמְרוּ הִנֵּה יוֹם הַדִּין,
לִפְקוֹד עַל צְבָא מָרוֹם בַּדִּין, כִּי
לֹא יִזְכּוּ בְעֵינֶיךָ בַּדִּין. וְכָל בָּאֵי

עוֹלָם יַעַבְרוּן לְפָנֶיךָ כִּבְנֵי מָרוֹן. חזן: כְּבַקָּרַת רוֹעֶה עֶדְרוֹ, מַעֲבִיר צֹאנוֹ תַּחַת שִׁבְטוֹ, כֵּן תַּעֲבִיר וְתִסְפּוֹר וְתִמְנֶה, וְתִפְקוֹד נֶפֶשׁ כָּל חַי, וְתַחְתּוֹךְ קִצְבָה לְכָל בְּרִיּוֹתֶיךָ, וְתִכְתּוֹב אֶת גְּזַר דִּינָם:

בְּרֹאשׁ הַשָּׁנָה יִכָּתֵבוּן, וּבְיוֹם צוֹם כִּפּוּר יֵחָתֵמוּן, כַּמָּה יַעַבְרוּן, וְכַמָּה יִבָּרֵאוּן. מִי יִחְיֶה, וּמִי יָמוּת. מִי בְקִצוֹ, וּמִי לֹא בְקִצוֹ. מִי בַמַּיִם וּמִי בָאֵשׁ. מִי בַחֶרֶב, וּמִי בַחַיָּה. מִי בָרָעָב, וּמִי בַצָּמָא.

מִי בָרַעַשׁ, וּמִי בַמַּגֵּפָה. מִי בַחֲנִיקָה, וּמִי בַסְּקִילָה. מִי יָנוּחַ, וּמִי יָנוּעַ. מִי יִשָּׁקֵט, וּמִי יִטָּרֵף. מִי יִשָּׁלֵו, וּמִי יִתְיַסָּר. מִי יֵעָנִי, וּמִי יֵעָשֵׁר. מִי יִשָּׁפֵל, וּמִי יָרוּם:

וּתְשׁוּבָה וּתְפִלָּה וּצְדָקָה
מַעֲבִירִין אֶת רֹעַ הַגְּזֵרָה:

קהל: כִּי כְּשִׁמְךָ כֵּן תְּהִלָּתֶךָ, קָשֶׁה לִכְעוֹס וְנוֹחַ לִרְצוֹת. כִּי לֹא תַחְפּוֹץ בְּמוֹת הַמֵּת, כִּי אִם בְּשׁוּבוֹ מִדַּרְכּוֹ וְחָיָה. וְעַד יוֹם מוֹתוֹ תְּחַכֶּה לוֹ, אִם יָשׁוּב מִיַּד תְּקַבְּלוֹ. חזן: אֱמֶת כִּי אַתָּה הוּא יוֹצְרָם, וְאַתָּה יוֹדֵעַ יִצְרָם, כִּי הֵם

בָּשָׂר וָדָם. אָדָם יְסוֹדוֹ מֵעָפָר וְסוֹפוֹ לֶעָפָר: בְּנַפְשׁוֹ יָבִיא לַחְמוֹ. מָשׁוּל כַּחֶרֶס הַנִּשְׁבָּר, כְּחָצִיר יָבֵשׁ, וּכְצִיץ נוֹבֵל, וּכְצֵל עוֹבֵר, וּכְעָנָן כָּלֶה, וּכְרוּחַ נוֹשָׁבֶת, וּכְאָבָק פּוֹרֵחַ, וְכַחֲלוֹם יָעוּף:

וְאַתָּה הוּא מֶלֶךְ אֵל חַי וְקַיָּם:

סוגרין הארון

אֵין קִצְבָה לִשְׁנוֹתֶךָ, וְאֵין קֵץ לְאֹרֶךְ יָמֶיךָ: וְאֵין לְשַׁעֵר מַרְכְּבוֹת כְּבוֹדֶךָ, וְאֵין לְפָרֵשׁ עֵלוּם שְׁמֶךָ: שִׁמְךָ נָאֶה לְךָ וְאַתָּה נָאֶה לִשְׁמֶךָ, וּשְׁמֵנוּ קָרָאתָ בִשְׁמֶךָ:

עֲשֵׂה לְמַעַן שְׁמֶךָ, וְקַדֵּשׁ אֶת שִׁמְךָ עַל מַקְדִּישֵׁי שְׁמֶךָ, בַּעֲבוּר כְּבוֹד שִׁמְךָ הַנַּעֲרָץ וְהַנִּקְדָּשׁ, כְּסוֹד שִׂיחַ שַׂרְפֵי קֹדֶשׁ,

הַמַּקְדִּישִׁים שִׁמְךָ בַּקֹּדֶשׁ, דָּרֵי מַעְלָה עִם דָּרֵי מַטָּה, קוֹרְאִים וּמְשַׁלְּשִׁים בְּשִׁלּוּשׁ קְדֻשָּׁה בַּקֹּדֶשׁ:

כַּכָּתוּב עַל יַד נְבִיאֶךָ, וְקָרָא זֶה אֶל זֶה וְאָמַר: קו"ח: קָדוֹשׁ קָדוֹשׁ קָדוֹשׁ יְיָ צְבָאוֹת, מְלֹא כָל הָאָרֶץ כְּבוֹדוֹ: חזן: כְּבוֹדוֹ מָלֵא עוֹלָם, מְשָׁרְתָיו שׁוֹאֲלִים זֶה לָזֶה אַיֵּה מְקוֹם כְּבוֹדוֹ, לְעֻמָּתָם בָּרוּךְ יֹאמֵרוּ: קו"ח: בָּרוּךְ כְּבוֹד יְיָ מִמְּקוֹמוֹ: חזן: מִמְּקוֹמוֹ הוּא יִפֶן בְּרַחֲמִים, וְיָחֹן עַם הַמְיַחֲדִים שְׁמוֹ עֶרֶב וָבֹקֶר, בְּכָל יוֹם תָּמִיד, פַּעֲמַיִם בְּאַהֲבָה שְׁמַע אוֹמְרִים: קו"ח: שְׁמַע יִשְׂרָאֵל, יְיָ אֱלֹהֵינוּ, יְיָ אֶחָד. הוּא

אֱלֹהֵינוּ, הוּא אָבִינוּ, הוּא מַלְכֵּנוּ, הוּא מוֹשִׁיעֵנוּ, וְהוּא יַשְׁמִיעֵנוּ בְּרַחֲמָיו שֵׁנִית לְעֵינֵי כָּל חָי, לִהְיוֹת לָכֶם לֵאלֹהִים, אֲנִי יְיָ אֱלֹהֵיכֶם: קו״ח: אַדִּיר אַדִּירֵנוּ, יְיָ אֲדֹנֵינוּ, מָה אַדִּיר שִׁמְךָ בְּכָל הָאָרֶץ. וְהָיָה יְיָ לְמֶלֶךְ עַל כָּל הָאָרֶץ, בַּיּוֹם הַהוּא יִהְיֶה יְיָ אֶחָד וּשְׁמוֹ אֶחָד. וּבְדִבְרֵי קָדְשְׁךָ כָּתוּב לֵאמֹר: קו״ח: יִמְלֹךְ יְיָ לְעוֹלָם, אֱלֹהַיִךְ צִיּוֹן לְדֹר וָדֹר, הַלְלוּיָהּ:

לְדוֹר וָדוֹר נַגִּיד גָּדְלֶךָ, וּלְנֵצַח נְצָחִים קְדֻשָּׁתְךָ נַקְדִּישׁ, וְשִׁבְחֲךָ אֱלֹהֵינוּ מִפִּינוּ לֹא יָמוּשׁ לְעוֹלָם וָעֶד, כִּי אֵל מֶלֶךְ גָּדוֹל וְקָדוֹשׁ אָתָּה:

חֲמוֹל עַל מַעֲשֶׂיךָ, וְתִשְׂמַח בְּמַעֲשֶׂיךָ, וְיֹאמְרוּ לְךָ חוֹסֶיךָ, בְּצַדֶּקְךָ עֲמוּסֶיךָ, תֻּקְדַּשׁ אָדוֹן עַל כָּל מַעֲשֶׂיךָ. כִּי מַקְדִּישֶׁיךָ בִּקְדֻשָּׁתְךָ קִדַּשְׁתָּ, נָאֶה לְקָדוֹשׁ פְּאֵר מִקְּדוֹשִׁים:

וּבְכֵן יִתְקַדַּשׁ שִׁמְךָ יְיָ אֱלֹהֵינוּ עַל יִשְׂרָאֵל עַמֶּךָ, וְעַל יְרוּשָׁלַיִם עִירֶךָ, וְעַל צִיּוֹן מִשְׁכַּן כְּבוֹדֶךָ, וְעַל מַלְכוּת בֵּית דָּוִד מְשִׁיחֶךָ, וְעַל מְכוֹנְךָ וְהֵיכָלֶךָ:

עוֹד יִזְכָּר לָנוּ, אַהֲבַת אֵיתָן, אֲדוֹנֵנוּ, וּבַבֵּן הַנֶּעֱקַד יַשְׁבִּית מְדַיְּנֵנוּ, וּבִזְכוּת הַתָּם יוֹצִיא אָיוֹם לְצֶדֶק דִּינֵנוּ, כִּי קָדוֹשׁ הַיּוֹם לַאֲדוֹנֵינוּ:

בְּאֵין מֵלִיץ יֹשֶׁר מוּל מַגִּיד פֶּשַׁע, תַּגִּיד לְיַעֲקֹב דְּבַר חֹק וּמִשְׁפָּט, וְצַדְּקֵנוּ בַּמִּשְׁפָּט, הַמֶּלֶךְ הַמִּשְׁפָּט:

פותחין הארון

הָאוֹחֵז בְּיַד מִדַּת מִשְׁפָּט:
וְכֹל מַאֲמִינִים שֶׁהוּא אֵל אֱמוּנָה,
הַבּוֹחֵן וּבוֹדֵק גִּנְזֵי נִסְתָּרוֹת:
וְכֹל מַאֲמִינִים שֶׁהוּא בּוֹחֵן כְּלָיוֹת,
הַגּוֹאֵל מִמָּוֶת וּפוֹדֶה מִשַּׁחַת:
וְכֹל מַאֲמִינִים שֶׁהוּא גּוֹאֵל חָזָק,
הַדָּן יְחִידִי לְבָאֵי עוֹלָם:
וְכֹל מַאֲמִינִים שֶׁהוּא דַּיָּן אֱמֶת,
הֶהָגוּי בְּאֶהְיֶה אֲשֶׁר אֶהְיֶה:
וְכֹל מַאֲמִינִים שֶׁהוּא הָיָה הֹוֶה
וְיִהְיֶה, הַוַּדַּאי שְׁמוֹ כֵּן תְּהִלָּתוֹ:
וְכֹל מַאֲמִינִים שֶׁהוּא וְאֵין בִּלְתּוֹ,
הַזּוֹכֵר לְמַזְכִּירָיו טוֹבוֹת זִכְרוֹנוֹת:

וְכֹל מַאֲמִינִים שֶׁהוּא זוֹכֵר הַבְּרִית,
הַחוֹתֵךְ חַיִּים לְכָל חָי:
וְכֹל מַאֲמִינִים שֶׁהוּא חַי וְקַיָּם,
הַטּוֹב וּמֵטִיב לָרָעִים וְלַטּוֹבִים:
וְכֹל מַאֲמִינִים שֶׁהוּא טוֹב לַכֹּל,
הַיּוֹדֵעַ יֵצֶר כָּל יְצוּרִים:
וְכֹל מַאֲמִינִים שֶׁהוּא יוֹצְרָם בַּבָּטֶן,
הַכֹּל יָכוֹל וְכוֹלְלָם יָחַד:
וְכֹל מַאֲמִינִים שֶׁהוּא כֹּל יָכוֹל,
הַלָּן בְּסֵתֶר בְּצֵל, שַׁדַּי:
וְכֹל מַאֲמִינִים שֶׁהוּא לְבַדּוֹ הוּא,
הַמַּמְלִיךְ מְלָכִים וְלוֹ הַמְּלוּכָה:
וְכֹל מַאֲמִינִים שֶׁהוּא מֶלֶךְ עוֹלָם,
הַנּוֹהֵג בְּחַסְדּוֹ כָּל דּוֹר:

וְכֹל מַאֲמִינִים שֶׁהוּא נוֹצֵר חֶסֶד,
הַסּוֹבֵל וּמַעְלִים עַיִן מִסּוֹרְרִים:
וְכֹל מַאֲמִינִים שֶׁהוּא סוֹלֵחַ סֶלָה,
הָעֶלְיוֹן וְעֵינוֹ אֶל יְרֵאָיו:
וְכֹל מַאֲמִינִים שֶׁהוּא עוֹנֶה לָחַשׁ,
הַפּוֹתֵחַ שַׁעַר לְדוֹפְקֵי בִּתְשׁוּבָה:
וְכֹל מַאֲמִינִים שֶׁהוּא פְּתוּחָה יָדוֹ,
הַצּוֹפֶה לָרָשָׁע וְחָפֵץ בְּהִצָּדְקוֹ:
וְכֹל מַאֲמִינִים שֶׁהוּא צַדִּיק וְיָשָׁר,
הַקְּצַר בְּזַעַם וּמַאֲרִיךְ אַף:
וְכֹל מַאֲמִינִים שֶׁהוּא קָשֶׁה לִכְעוֹס,
הָרַחוּם וּמַקְדִּים רַחֲמִים לְרֹגֶז:
וְכֹל מַאֲמִינִים שֶׁהוּא רַךְ לִרְצוֹת,
הַשָּׁוֶה וּמַשְׁוֶה קָטֹן וְגָדוֹל:

וְכֹל מַאֲמִינִים שֶׁהוּא שׁוֹפֵט צֶדֶק, הַתָּם וּמִתַּמָּם עִם תְּמִימִים: וְכֹל מַאֲמִינִים שֶׁהוּא תָּמִים פָּעֳלוֹ: תִּשְׂגַּב לְבַדֶּךָ, וְתִמְלֹךְ עַל כֹּל בְּיִחוּד, כַּכָּתוּב עַל יַד נְבִיאֶךָ. וְהָיָה יְיָ לְמֶלֶךְ עַל כָּל הָאָרֶץ, בַּיּוֹם הַהוּא יִהְיֶה יְיָ אֶחָד וּשְׁמוֹ אֶחָד:

סוגרין הארון

יש מוסיפים "אנא בכח":

אָנָּא בְּכֹחַ גְּדֻלַּת יְמִינְךָ תַּתִּיר צְרוּרָה. קַבֵּל רִנַּת עַמְּךָ שַׂגְּבֵנוּ טַהֲרֵנוּ נוֹרָא. נָא גִבּוֹר דּוֹרְשֵׁי יִחוּדְךָ כְּבָבַת שָׁמְרֵם. בָּרְכֵם טַהֲרֵם רַחֲמֵם צִדְקָתְךָ תָּמִיד גָּמְלֵם. חֲסִין קָדוֹשׁ בְּרוֹב טוּבְךָ נַהֵל עֲדָתֶךָ. יָחִיד גֵּאֶה לְעַמְּךָ פְּנֵה זוֹכְרֵי קְדֻשָּׁתֶךָ. שַׁוְעָתֵנוּ קַבֵּל וּשְׁמַע צַעֲקָתֵנוּ יוֹדֵעַ תַּעֲלֻמוֹת. בָּרוּךְ שֵׁם כְּבוֹד מַלְכוּתוֹ לְעוֹלָם וָעֶד:

בְּשִׁמְךָ שַׁדַּי יְיָ צְבָאוֹת שֶׁתַּעֲשֶׂה שְׁאֵלָתִי וּבַקָּשָׁתִי. וְהָיָה יְיָ לְמֶלֶךְ עַל כָּל הָאָרֶץ, בַּיּוֹם הַהוּא יִהְיֶה יְיָ אֶחָד וּשְׁמוֹ אֶחָד:

וּבְכֵן תֵּן פַּחְדְּךָ יְיָ אֱלֹהֵינוּ, עַל כָּל מַעֲשֶׂיךָ, וְאֵימָתְךָ עַל כָּל מַה שֶּׁבָּרָאתָ, וְיִירָאוּךָ כָּל הַמַּעֲשִׂים וְיִשְׁתַּחֲווּ לְפָנֶיךָ כָּל הַבְּרוּאִים, וְיֵעָשׂוּ כֻלָּם אֲגֻדָּה אֶחָת לַעֲשׂוֹת רְצוֹנְךָ בְּלֵבָב שָׁלֵם, כְּמוֹ שֶׁיָּדַעְנוּ יְיָ אֱלֹהֵינוּ, שֶׁהַשָּׁלְטָן לְפָנֶיךָ, עֹז בְּיָדְךָ וּגְבוּרָה בִּימִינֶךָ, וְשִׁמְךָ נוֹרָא עַל כָּל מַה שֶּׁבָּרָאתָ:

וּבְכֵן תֵּן כָּבוֹד, יְיָ לְעַמֶּךָ, תְּהִלָּה לִירֵאֶיךָ וְתִקְוָה טוֹבָה לְדוֹרְשֶׁיךָ, וּפִתְחוֹן פֶּה לַמְיַחֲלִים לָךְ, שִׂמְחָה לְאַרְצֶךָ וְשָׂשׂוֹן לְעִירֶךָ, וּצְמִיחַת קֶרֶן לְדָוִד עַבְדֶּךָ, וַעֲרִיכַת נֵר לְבֶן יִשַׁי מְשִׁיחֶךָ, בִּמְהֵרָה בְיָמֵינוּ:

וּבְכֵן צַדִּיקִים יִרְאוּ וְיִשְׂמָחוּ, וִישָׁרִים יַעֲלֹזוּ, וַחֲסִידִים בְּרִנָּה יָגִילוּ, וְעוֹלָתָה תִּקְפָּץ פִּיהָ, וְכָל הָרִשְׁעָה כֻּלָּהּ כְּעָשָׁן תִּכְלֶה, כִּי תַעֲבִיר מֶמְשֶׁלֶת זָדוֹן מִן הָאָרֶץ:

וְיֶאֱתָיוּ כֹּל לְעָבְדֶךָ, וִיבָרְכוּ שֵׁם כְּבוֹדֶךָ, וְיַגִּידוּ בָאִיִּים צִדְקֶךָ. וְיִדְרְשׁוּךָ עַמִּים לֹא יְדָעוּךָ, וִיהַלְלוּךָ כָּל אַפְסֵי אָרֶץ, וְיֹאמְרוּ תָמִיד יִגְדַּל יְיָ. וְיִזְבְּחוּ לְךָ אֶת זִבְחֵיהֶם, וְיִזְנְחוּ אֶת עֲצַבֵּיהֶם, וְיַחְפְּרוּ עִם פְּסִילֵיהֶם. וְיַטּוּ שְׁכֶם אֶחָד לְעָבְדֶךָ, וְיִירָאוּךָ עִם שֶׁמֶשׁ מְבַקְשֵׁי פָנֶיךָ, וְיַכִּירוּ כֹּחַ מַלְכוּתֶךָ, וִילַמְּדוּ תוֹעִים בִּינָה. וִימַלְּלוּ אֶת גְּבוּרָתֶךָ, וִינַשְּׂאוּךָ מִתְנַשֵּׂא לְכֹל לְרֹאשׁ, וִיסַלְּדוּ בְחִילָה פָּנֶיךָ, וִיעַטְּרוּךָ נֵזֶר תִּפְאָרָה. וְיִפְצְחוּ הָרִים רִנָּה, וְיִצְהֲלוּ אִיִּים בְּמָלְכֶךָ, וִיקַבְּלוּ עֹל מַלְכוּתְךָ עֲלֵיהֶם, וִירוֹמְמוּךָ בִּקְהַל עָם. וְיִשְׁמְעוּ רְחוֹקִים וְיָבוֹאוּ, וְיִתְּנוּ לְךָ כֶּתֶר מְלוּכָה:

וְתִמְלֹךְ, אַתָּה יְיָ לְבַדֶּךָ, עַל כָּל מַעֲשֶׂיךָ, בְּהַר צִיּוֹן מִשְׁכַּן כְּבוֹדֶךָ, וּבִירוּשָׁלַיִם עִיר קָדְשֶׁךָ, כַּכָּתוּב בְּדִבְרֵי קָדְשֶׁךָ, יִמְלֹךְ יְיָ לְעוֹלָם, אֱלֹהַיִךְ צִיּוֹן לְדֹר וָדֹר, הַלְלוּיָהּ:

קָדוֹשׁ אַתָּה וְנוֹרָא שְׁמֶךָ, וְאֵין אֱלוֹהַּ מִבַּלְעָדֶיךָ, כַּכָּתוּב, וַיִּגְבַּהּ יְיָ צְבָאוֹת בַּמִּשְׁפָּט, וְהָאֵל הַקָּדוֹשׁ נִקְדַּשׁ בִּצְדָקָה. בָּרוּךְ אַתָּה יְיָ, הַמֶּלֶךְ הַקָּדוֹשׁ:

אַתָּה בְחַרְתָּנוּ מִכָּל הָעַמִּים, אָהַבְתָּ אוֹתָנוּ וְרָצִיתָ בָּנוּ, וְרוֹמַמְתָּנוּ מִכָּל הַלְּשׁוֹנוֹת, וְקִדַּשְׁתָּנוּ בְּמִצְוֹתֶיךָ, וְקֵרַבְתָּנוּ מַלְכֵּנוּ לַעֲבוֹדָתֶךָ, וְשִׁמְךָ הַגָּדוֹל וְהַקָּדוֹשׁ עָלֵינוּ קָרָאתָ:

וַתִּתֶּן לָנוּ, יְיָ אֱלֹהֵינוּ, בְּאַהֲבָה אֶת יוֹם הַזִּכָּרוֹן הַזֶּה, יוֹם תְּרוּעָה מִקְרָא קֹדֶשׁ, זֵכֶר לִיצִיאַת מִצְרָיִם:

וּמִפְּנֵי חֲטָאֵינוּ גָּלִינוּ מֵאַרְצֵנוּ וְנִתְרַחַקְנוּ מֵעַל אַדְמָתֵנוּ, וְאֵין אֲנַחְנוּ יְכוֹלִים לַעֲשׂוֹת חוֹבוֹתֵינוּ בְּבֵית בְּחִירָתֶךָ, בַּבַּיִת הַגָּדוֹל וְהַקָּדוֹשׁ שֶׁנִּקְרָא שִׁמְךָ עָלָיו, מִפְּנֵי הַיָּד שֶׁנִּשְׁתַּלְּחָה בְּמִקְדָּשֶׁךָ. יְהִי רָצוֹן מִלְּפָנֶיךָ, יְיָ אֱלֹהֵינוּ וֵאלֹהֵי אֲבוֹתֵינוּ, מֶלֶךְ רַחֲמָן, שֶׁתָּשׁוּב וּתְרַחֵם עָלֵינוּ וְעַל מִקְדָּשְׁךָ בְּרַחֲמֶיךָ הָרַבִּים, וְתִבְנֵהוּ מְהֵרָה וּתְגַדֵּל כְּבוֹדוֹ. אָבִינוּ מַלְכֵּנוּ, גַּלֵּה כְּבוֹד מַלְכוּתְךָ עָלֵינוּ מְהֵרָה, וְהוֹפַע וְהִנָּשֵׂא עָלֵינוּ לְעֵינֵי כָּל חָי, וְקָרֵב פְּזוּרֵינוּ מִבֵּין הַגּוֹיִם, וּנְפוּצוֹתֵינוּ כַּנֵּס מִיַּרְכְּתֵי אָרֶץ. וַהֲבִיאֵנוּ לְצִיּוֹן עִירְךָ בְּרִנָּה, וְלִירוּשָׁלַיִם בֵּית מִקְדָּשְׁךָ בְּשִׂמְחַת עוֹלָם, וְשָׁם נַעֲשֶׂה לְפָנֶיךָ אֶת קָרְבְּנוֹת חוֹבוֹתֵינוּ תְּמִידִים כְּסִדְרָם וּמוּסָפִים כְּהִלְכָתָם. וְאֶת מוּסְפֵי יוֹם הַזִּכָּרוֹן הַזֶּה נַעֲשֶׂה וְנַקְרִיב לְפָנֶיךָ בְּאַהֲבָה כְּמִצְוַת רְצוֹנֶךָ, כְּמוֹ שֶׁכָּתַבְתָּ עָלֵינוּ בְּתוֹרָתֶךָ, עַל יְדֵי מֹשֶׁה עַבְדֶּךָ, מִפִּי כְבוֹדֶךָ, כָּאָמוּר:

וּבַחֹדֶשׁ הַשְּׁבִיעִי, בְּאֶחָד לַחֹדֶשׁ, מִקְרָא קֹדֶשׁ יִהְיֶה לָכֶם, כָּל מְלֶאכֶת עֲבֹדָה לֹא תַעֲשׂוּ, יוֹם תְּרוּעָה יִהְיֶה לָכֶם. וַעֲשִׂיתֶם עֹלָה לְרֵיחַ נִיחֹחַ לַייָ, פַּר בֶּן בָּקָר אֶחָד, אַיִל אֶחָד, כְּבָשִׂים בְּנֵי שָׁנָה שִׁבְעָה, תְּמִימִם:

וּמִנְחָתָם וְנִסְכֵּיהֶם כִּמְדֻבָּר, שְׁלשָׁה עֶשְׂרֹנִים לַפָּר, וּשְׁנֵי עֶשְׂרֹנִים לָאָיִל, וְעִשָּׂרוֹן לַכֶּבֶשׂ, וְיַיִן כְּנִסְכּוֹ, וּשְׁנֵי שְׂעִירִים לְכַפֵּר, וּשְׁנֵי תְמִידִים כְּהִלְכָתָם. מִלְּבַד עֹלַת הַחֹדֶשׁ וּמִנְחָתָהּ, וְעֹלַת הַתָּמִיד וּמִנְחָתָהּ, וְנִסְכֵּיהֶם כְּמִשְׁפָּטָם, לְרֵיחַ נִיחֹחַ אִשֶּׁה לַייָ:

פותחין הארון

עָלֵינוּ לְשַׁבֵּחַ לַאֲדוֹן הַכֹּל, לָתֵת גְּדֻלָּה לְיוֹצֵר בְּרֵאשִׁית, שֶׁלֹּא עָשָׂנוּ כְּגוֹיֵי הָאֲרָצוֹת, וְלֹא שָׂמָנוּ כְּמִשְׁפְּחוֹת הָאֲדָמָה,

סוגרין הארון

שֶׁלֹּא שָׂם חֶלְקֵנוּ כָּהֶם, וְגוֹרָלֵנוּ כְּכָל הֲמוֹנָם.

פותחין הארון

וַאֲנַחְנוּ כּוֹרְעִים וּמִשְׁתַּחֲוִים וּמוֹדִים, לִפְנֵי מֶלֶךְ, מַלְכֵי הַמְּלָכִים, הַקָּדוֹשׁ בָּרוּךְ הוּא. שֶׁהוּא נוֹטֶה שָׁמַיִם וְיֹסֵד אָרֶץ, וּמוֹשַׁב יְקָרוֹ בַּשָּׁמַיִם מִמַּעַל, וּשְׁכִינַת עֻזּוֹ בְּגָבְהֵי מְרוֹמִים, הוּא אֱלֹהֵינוּ אֵין עוֹד. אֱמֶת מַלְכֵּנוּ אֶפֶס זוּלָתוֹ, כַּכָּתוּב בְּתוֹרָתוֹ, וְיָדַעְתָּ הַיּוֹם וַהֲשֵׁבֹתָ אֶל לְבָבֶךָ, כִּי יְיָ הוּא הָאֱלֹהִים בַּשָּׁמַיִם מִמַּעַל, וְעַל הָאָרֶץ מִתָּחַת, אֵין עוֹד:

סוגרין הארון

אֱלֹהֵינוּ וֵאלֹהֵי אֲבוֹתֵינוּ, הֱיֵה עִם פִּיפִיּוֹת שְׁלוּחֵי עַמְּךָ בֵּית יִשְׂרָאֵל, הָעוֹמְדִים לְבַקֵּשׁ תְּפִלָּה וְתַחֲנוּנִים מִלְּפָנֶיךָ עַל עַמְּךָ בֵּית יִשְׂרָאֵל. הוֹרֵם מַה שֶּׁיֹּאמֵרוּ, הֲבִינֵם מַה שֶּׁיְּדַבֵּרוּ, הֲשִׁיבֵם מַה שֶּׁיִּשְׁאֲלוּ, יַדְּעֵם אֵיךְ יְפָאֵרוּ. בְּאוֹר פָּנֶיךָ יְהַלֵּכוּן, בֶּרֶךְ לְךָ יִכְרָעוּן, עַמְּךָ בְּפִיהֶם יְבָרְכוּן, וּמִבִּרְכוֹת פִּיךָ כֻּלָּם יִתְבָּרְכוּן. עַמְּךָ לְפָנֶיךָ יַעֲבִירוּן, וְהֵם בַּתָּוֶךְ יַעֲבֹרוּן. עֵינֵי עַמְּךָ בָּם תְּלוּיוֹת, וְעֵינֵיהֶם לְךָ מְיַחֲלוֹת. נָגָשִׁים מוּל אֲרוֹן הַקֹּדֶשׁ בְּאֵימָה, לְשַׁכֵּךְ כַּעַס וְחֵמָה, וְעַמְּךָ מַסְבִּיבִים אוֹתָם כַּחוֹמָה, וְאַתָּה מִן הַשָּׁמַיִם תַּשְׁגִּיחַ אוֹתָם לְרַחֲמָה. עַיִן נוֹשְׂאִים לְךָ לַשָּׁמַיִם, לֵב שׁוֹפְכִים נִכְחֲךָ כַּמַּיִם, וְאַתָּה תִּשְׁמַע מִן הַשָּׁמַיִם. שֶׁלֹּא יִכָּשְׁלוּ בִלְשׁוֹנָם, וְלֹא יִנָּקְשׁוּ בְשִׁנּוּנָם, וְלֹא יֵבוֹשׁוּ בְּמַשְׁעֲנָם, וְלֹא יִכָּלְמוּ בָם שְׁאוֹנָם,

וְאַל יֹאמַר פִּיהֶם דָּבָר שֶׁלֹּא כִרְצוֹנֶךָ. כִּי חֲנוּנֶיךָ, יְיָ אֱלֹהֵינוּ, הֵמָּה חֲנוּנִים, וּמְרֻחָמֶיךָ הֵמָּה מְרֻחָמִים. כְּמָה שֶׁיְּדַעְנוּ, יְיָ אֱלֹהֵינוּ, אֵת אֲשֶׁר תָּחֹן יוּחָן, וְאֵת אֲשֶׁר תְּרַחֵם יְרֻחָם, כַּכָּתוּב בְּתוֹרָתֶךָ, וַיֹּאמֶר, אֲנִי אַעֲבִיר, כָּל טוּבִי, עַל פָּנֶיךָ, וְקָרָאתִי בְשֵׁם יְיָ לְפָנֶיךָ, וְחַנֹּתִי אֶת אֲשֶׁר אָחֹן וְרִחַמְתִּי אֶת אֲשֶׁר אֲרַחֵם. וְנֶאֱמַר, אַל יֵבֹשׁוּ בִי קֹוֶיךָ, אֲדֹנָי אֱלֹהִים צְבָאוֹת, אַל יִכָּלְמוּ בִי מְבַקְשֶׁיךָ, אֱלֹהֵי יִשְׂרָאֵל:

פותחין הארון

אוֹחִילָה לָאֵל, אֲחַלֶּה פָנָיו, אֶשְׁאֲלָה מִמֶּנּוּ מַעֲנֵה לָשׁוֹן. אֲשֶׁר בִּקְהַל עָם אָשִׁירָה עֻזּוֹ, אַבִּיעָה רְנָנוֹת בְּעַד מִפְעָלָיו. לְאָדָם מַעַרְכֵי לֵב, וּמֵיְיָ מַעֲנֵה

לָשׁוֹן. אֲדֹנָי שְׂפָתַי תִּפְתָּח, וּפִי יַגִּיד תְּהִלָּתֶךָ. יִהְיוּ לְרָצוֹן אִמְרֵי פִי וְהֶגְיוֹן לִבִּי לְפָנֶיךָ, יְיָ צוּרִי וְגוֹאֲלִי:

סוגרין הארון

עַל כֵּן נְקַוֶּה לְךָ יְיָ אֱלֹהֵינוּ, לִרְאוֹת מְהֵרָה בְּתִפְאֶרֶת עֻזֶּךָ, לְהַעֲבִיר גִּלּוּלִים מִן הָאָרֶץ וְהָאֱלִילִים כָּרוֹת יִכָּרֵתוּן. לְתַקֵּן עוֹלָם בְּמַלְכוּת שַׁדַּי, וְכָל בְּנֵי בָשָׂר יִקְרְאוּ בִשְׁמֶךָ. לְהַפְנוֹת אֵלֶיךָ כָּל רִשְׁעֵי אָרֶץ. יַכִּירוּ וְיֵדְעוּ כָּל יוֹשְׁבֵי תֵבֵל, כִּי לְךָ תִּכְרַע כָּל בֶּרֶךְ, תִּשָּׁבַע כָּל לָשׁוֹן: לְפָנֶיךָ יְיָ אֱלֹהֵינוּ יִכְרְעוּ וְיִפֹּלוּ. וְלִכְבוֹד שִׁמְךָ יְקָר יִתֵּנוּ. וִיקַבְּלוּ כֻלָּם אֶת עוֹל מַלְכוּתֶךָ. וְתִמְלֹךְ עֲלֵיהֶם מְהֵרָה לְעוֹלָם וָעֶד. כִּי הַמַּלְכוּת שֶׁלְּךָ הִיא, וּלְעוֹלְמֵי עַד תִּמְלוֹךְ בְּכָבוֹד. כַּכָּתוּב בְּתוֹרָתֶךָ, יְיָ יִמְלֹךְ לְעוֹלָם וָעֶד: וְנֶאֱמַר, לֹא הִבִּיט אָוֶן בְּיַעֲקֹב, וְלֹא רָאָה

עָמָל בְּיִשְׂרָאֵל, יְיָ אֱלֹהָיו עִמּוֹ וּתְרוּעַת מֶלֶךְ בּוֹ: וְנֶאֱמַר, וַיְהִי בִישֻׁרוּן מֶלֶךְ, בְּהִתְאַסֵּף רָאשֵׁי עָם, יַחַד שִׁבְטֵי יִשְׂרָאֵל: וּבְדִבְרֵי קָדְשְׁךָ כָּתוּב לֵאמֹר, כִּי לַייָ הַמְּלוּכָה וּמוֹשֵׁל בַּגּוֹיִם: וְנֶאֱמַר, יְיָ מָלָךְ, גֵּאוּת לָבֵשׁ, לָבֵשׁ יְיָ, עֹז הִתְאַזָּר, אַף תִּכּוֹן תֵּבֵל בַּל תִּמּוֹט: וְנֶאֱמַר, שְׂאוּ שְׁעָרִים רָאשֵׁיכֶם וְהִנָּשְׂאוּ פִּתְחֵי עוֹלָם, וְיָבוֹא מֶלֶךְ הַכָּבוֹד: מִי זֶה מֶלֶךְ הַכָּבוֹד, יְיָ עִזּוּז וְגִבּוֹר, יְיָ גִּבּוֹר מִלְחָמָה: שְׂאוּ שְׁעָרִים רָאשֵׁיכֶם, וּשְׂאוּ פִּתְחֵי עוֹלָם, וְיָבֹא מֶלֶךְ הַכָּבוֹד: מִי הוּא זֶה מֶלֶךְ הַכָּבוֹד, יְיָ צְבָאוֹת הוּא מֶלֶךְ הַכָּבוֹד, סֶלָה:

וְעַל יְדֵי עֲבָדֶיךָ הַנְּבִיאִים כָּתוּב לֵאמֹר, כֹּה אָמַר יְיָ, מֶלֶךְ יִשְׂרָאֵל וְגֹאֲלוֹ, יְיָ צְבָאוֹת, אֲנִי רִאשׁוֹן וַאֲנִי אַחֲרוֹן, וּמִבַּלְעָדַי אֵין אֱלֹהִים: וְנֶאֱמַר, וְעָלוּ מוֹשִׁיעִים בְּהַר צִיּוֹן לִשְׁפֹּט אֶת הַר עֵשָׂו, וְהָיְתָה לַייָ הַמְּלוּכָה: וְנֶאֱמַר, וְהָיָה יְיָ לְמֶלֶךְ עַל כָּל הָאָרֶץ, בַּיּוֹם הַהוּא יִהְיֶה יְיָ אֶחָד

וּשְׁמוֹ אֶחָד: וּבְתוֹרָתְךָ כָּתוּב לֵאמֹר, שְׁמַע יִשְׂרָאֵל, יְיָ אֱלֹהֵינוּ, יְיָ אֶחָד:

אֱלֹהֵינוּ וֵאלֹהֵי אֲבוֹתֵינוּ, מְלוֹךְ עַל כָּל הָעוֹלָם כֻּלּוֹ בִּכְבוֹדֶךָ, וְהִנָּשֵׂא עַל כָּל הָאָרֶץ בִּיקָרֶךָ, וְהוֹפַע בַּהֲדַר גְּאוֹן עֻזֶּךָ, עַל כָּל יוֹשְׁבֵי תֵבֵל אַרְצֶךָ, וְיֵדַע כָּל פָּעוּל כִּי אַתָּה פְעַלְתּוֹ, וְיָבִין כָּל יָצוּר כִּי אַתָּה יְצַרְתּוֹ, וְיֹאמַר כֹּל אֲשֶׁר נְשָׁמָה בְאַפּוֹ, יְיָ אֱלֹהֵי יִשְׂרָאֵל מֶלֶךְ, וּמַלְכוּתוֹ בַּכֹּל מָשָׁלָה. קַדְּשֵׁנוּ בְּמִצְוֹתֶיךָ וְתֵן חֶלְקֵנוּ בְּתוֹרָתֶךָ, שַׂבְּעֵנוּ מִטּוּבֶךָ וְשַׂמְּחֵנוּ בִּישׁוּעָתֶךָ. וְטַהֵר לִבֵּנוּ לְעָבְדְּךָ בֶּאֱמֶת, כִּי אַתָּה אֱלֹהִים אֱמֶת, וּדְבָרְךָ אֱמֶת וְקַיָּם לָעַד. בָּרוּךְ אַתָּה יְיָ, מֶלֶךְ עַל כָּל הָאָרֶץ, מְקַדֵּשׁ יִשְׂרָאֵל וְיוֹם הַזִּכָּרוֹן:

ותוקעין ואומרים ״היום הרת עולם״:

תקיעה שברים תרועה תקיעה

תקיעה שברים תקיעה

תקיעה תרועה תקיעה

הַיּוֹם הֲרַת עוֹלָם, הַיּוֹם יַעֲמִיד בַּמִּשְׁפָּט כָּל יְצוּרֵי עוֹלָמִים, אִם כְּבָנִים אִם כַּעֲבָדִים. אִם כְּבָנִים, רַחֲמֵנוּ כְּרַחֵם אָב עַל בָּנִים. וְאִם כַּעֲבָדִים עֵינֵינוּ לְךָ תְלוּיוֹת, עַד שֶׁתְּחָנֵּנוּ וְתוֹצִיא כָאוֹר מִשְׁפָּטֵנוּ, אָיוֹם קָדוֹשׁ:

אֲרֶשֶׁת שְׂפָתֵינוּ יֶעֱרַב לְפָנֶיךָ, אֵל רָם וְנִשָּׂא, מֵבִין וּמַאֲזִין, מַבִּיט וּמַקְשִׁיב לְקוֹל תְּקִיעָתֵנוּ. וּתְקַבֵּל בְּרַחֲמִים וּבְרָצוֹן סֵדֶר מַלְכֻיּוֹתֵנוּ:

אַתָּה זוֹכֵר מַעֲשֵׂה עוֹלָם, וּפוֹקֵד כָּל יְצוּרֵי קֶדֶם. לְפָנֶיךָ נִגְלוּ כָּל תַּעֲלוּמוֹת, וַהֲמוֹן נִסְתָּרוֹת שֶׁמִּבְּרֵאשִׁית. כִּי אֵין שִׁכְחָה לִפְנֵי כִסֵּא כְבוֹדֶךָ, וְאֵין נִסְתָּר מִנֶּגֶד עֵינֶיךָ. אַתָּה זוֹכֵר אֶת כָּל הַמִּפְעָל, וְגַם כָּל הַיְצוּר לֹא

נִכְחָד מִמֶּךָּ. הַכֹּל גָּלוּי וְיָדוּעַ לְפָנֶיךָ, יְיָ אֱלֹהֵינוּ, צוֹפֶה וּמַבִּיט עַד סוֹף כָּל הַדּוֹרוֹת. כִּי תָבִיא חֹק זִכָּרוֹן, לְהִפָּקֵד כָּל רוּחַ וָנֶפֶשׁ, לְהִזָּכֵר מַעֲשִׂים רַבִּים וַהֲמוֹן בְּרִיּוֹת לְאֵין תַּכְלִית, מֵרֵאשִׁית כָּזֹאת הוֹדָעְתָּ, וּמִלְּפָנִים אוֹתָהּ גִּלִּיתָ. זֶה הַיּוֹם תְּחִלַּת מַעֲשֶׂיךָ, זִכָּרוֹן לְיוֹם רִאשׁוֹן. כִּי חֹק לְיִשְׂרָאֵל הוּא, מִשְׁפָּט לֵאלֹהֵי יַעֲקֹב. וְעַל הַמְּדִינוֹת בּוֹ יֵאָמֵר, אֵיזוֹ לַחֶרֶב, וְאֵיזוֹ לַשָּׁלוֹם, אֵיזוֹ לָרָעָב, וְאֵיזוֹ לָשֹׂבַע. וּבְרִיּוֹת בּוֹ יִפָּקֵדוּ, לְהַזְכִּירָם לַחַיִּים וְלַמָּוֶת. מִי לֹא נִפְקָד כְּהַיּוֹם הַזֶּה, כִּי זֵכֶר כָּל הַיְצוּר לְפָנֶיךָ בָּא, מַעֲשֵׂה אִישׁ וּפְקֻדָּתוֹ, וַעֲלִילוֹת מִצְעֲדֵי גָבֶר, מַחְשְׁבוֹת אָדָם וְתַחְבּוּלוֹתָיו, וְיִצְרֵי מַעַלְלֵי אִישׁ. אַשְׁרֵי אִישׁ שֶׁלֹּא יִשְׁכָּחֶךָּ, וּבֶן אָדָם יִתְאַמֶּץ בָּךְ. כִּי דוֹרְשֶׁיךָ לְעוֹלָם לֹא יִכָּשֵׁלוּ, וְלֹא יִכָּלְמוּ לָנֶצַח כָּל הַחוֹסִים בָּךְ. כִּי זֵכֶר כָּל הַמַּעֲשִׂים לְפָנֶיךָ בָּא, וְאַתָּה דוֹרֵשׁ מַעֲשֵׂה כֻלָּם. וְגַם אֶת נֹחַ

בְּאַהֲבָה זָכַרְתָּ, וַתִּפְקְדֵהוּ בִּדְבַר יְשׁוּעָה וְרַחֲמִים, בַּהֲבִיאֲךָ אֶת מֵי הַמַּבּוּל לְשַׁחֵת כָּל בָּשָׂר מִפְּנֵי רֹעַ מַעַלְלֵיהֶם. עַל כֵּן זִכְרוֹנוֹ בָּא לְפָנֶיךָ, יְיָ אֱלֹהֵינוּ, לְהַרְבּוֹת זַרְעוֹ כְּעַפְרוֹת תֵּבֵל, וְצֶאֱצָאָיו כְּחוֹל הַיָּם, כַּכָּתוּב בְּתוֹרָתֶךָ, וַיִּזְכֹּר אֱלֹהִים אֶת נֹחַ, וְאֵת כָּל הַחַיָּה וְאֶת כָּל הַבְּהֵמָה אֲשֶׁר אִתּוֹ בַּתֵּבָה, וַיַּעֲבֵר אֱלֹהִים רוּחַ עַל הָאָרֶץ, וַיָּשֹׁכּוּ הַמָּיִם: וְנֶאֱמַר, וַיִּשְׁמַע אֱלֹהִים אֶת נַאֲקָתָם, וַיִּזְכֹּר אֱלֹהִים אֶת בְּרִיתוֹ אֶת אַבְרָהָם, אֶת יִצְחָק וְאֶת יַעֲקֹב: וְנֶאֱמַר, וְזָכַרְתִּי אֶת בְּרִיתִי יַעֲקוֹב, וְאַף אֶת בְּרִיתִי יִצְחָק, וְאַף אֶת בְּרִיתִי אַבְרָהָם אֶזְכֹּר, וְהָאָרֶץ אֶזְכֹּר:

וּבְדִבְרֵי קָדְשְׁךָ כָּתוּב לֵאמֹר, זֵכֶר עָשָׂה לְנִפְלְאוֹתָיו, חַנּוּן וְרַחוּם יְיָ: וְנֶאֱמַר, טֶרֶף נָתַן לִירֵאָיו, יִזְכֹּר לְעוֹלָם בְּרִיתוֹ: וְנֶאֱמַר, וַיִּזְכֹּר לָהֶם בְּרִיתוֹ, וַיִּנָּחֵם כְּרֹב חֲסָדָיו:

וְעַל יְדֵי עֲבָדֶיךָ הַנְּבִיאִים כָּתוּב לֵאמֹר, הָלֹךְ וְקָרָאתָ בְאָזְנֵי יְרוּשָׁלַיִם לֵאמֹר, כֹּה אָמַר יְיָ, זָכַרְתִּי לָךְ חֶסֶד נְעוּרַיִךְ, אַהֲבַת כְּלוּלֹתָיִךְ, לֶכְתֵּךְ אַחֲרַי בַּמִּדְבָּר, בְּאֶרֶץ לֹא זְרוּעָה: וְנֶאֱמַר, וְזָכַרְתִּי אֲנִי אֶת בְּרִיתִי אוֹתָךְ בִּימֵי נְעוּרָיִךְ, וַהֲקִימוֹתִי לָךְ בְּרִית עוֹלָם: וְנֶאֱמַר, הֲבֵן יַקִּיר לִי אֶפְרַיִם, אִם יֶלֶד שַׁעֲשׁוּעִים, כִּי מִדֵּי דַבְּרִי בּוֹ זָכֹר אֶזְכְּרֶנּוּ עוֹד, עַל כֵּן הָמוּ מֵעַי לוֹ, רַחֵם אֲרַחֲמֶנּוּ, נְאֻם יְיָ:

אֱלֹהֵינוּ וֵאלֹהֵי אֲבוֹתֵינוּ, זָכְרֵנוּ בְּזִכָּרוֹן טוֹב לְפָנֶיךָ, וּפָקְדֵנוּ בִּפְקֻדַּת יְשׁוּעָה וְרַחֲמִים מִשְּׁמֵי שְׁמֵי קֶדֶם. וּזְכָר לָנוּ, יְיָ אֱלֹהֵינוּ, אֶת הַבְּרִית וְאֶת הַחֶסֶד, וְאֶת הַשְּׁבוּעָה אֲשֶׁר נִשְׁבַּעְתָּ לְאַבְרָהָם אָבִינוּ בְּהַר הַמּוֹרִיָּה. וְתֵרָאֶה לְפָנֶיךָ עֲקֵדָה שֶׁעָקַד אַבְרָהָם אָבִינוּ אֶת יִצְחָק בְּנוֹ עַל גַּבֵּי הַמִּזְבֵּחַ, וְכָבַשׁ רַחֲמָיו לַעֲשׂוֹת רְצוֹנְךָ בְּלֵבָב שָׁלֵם. כֵּן יִכְבְּשׁוּ רַחֲמֶיךָ אֶת כַּעַסְךָ

מֵעָלֵינוּ, וּבְטוּבְךָ הַגָּדוֹל יָשׁוּב חֲרוֹן אַפְּךָ מֵעַמְּךָ וּמֵעִירְךָ וּמִנַּחֲלָתֶךָ. וְקַיֵּם לָנוּ, יְיָ אֱלֹהֵינוּ, אֶת הַדָּבָר שֶׁהִבְטַחְתָּנוּ בְּתוֹרָתֶךָ, עַל יְדֵי מֹשֶׁה עַבְדֶּךָ, מִפִּי כְבוֹדֶךָ, כָּאָמוּר, וְזָכַרְתִּי לָהֶם בְּרִית רִאשׁוֹנִים, אֲשֶׁר הוֹצֵאתִי אֹתָם מֵאֶרֶץ מִצְרַיִם לְעֵינֵי הַגּוֹיִם לִהְיוֹת לָהֶם לֵאלֹהִים, אֲנִי יְיָ. כִּי זוֹכֵר כָּל הַנִּשְׁכָּחוֹת אַתָּה הוּא מֵעוֹלָם, וְאֵין שִׁכְחָה לִפְנֵי כִסֵּא כְבוֹדֶךָ. וַעֲקֵדַת יִצְחָק לְזַרְעוֹ הַיּוֹם בְּרַחֲמִים תִּזְכּוֹר. בָּרוּךְ אַתָּה יְיָ, זוֹכֵר הַבְּרִית:

ותוקעין ואומרים "היום הרת עולם":

תקיעה שברים תרועה תקיעה

תקיעה שברים תקיעה

תקיעה תרועה תקיעה

הַיּוֹם הֲרַת עוֹלָם, הַיּוֹם יַעֲמִיד בַּמִּשְׁפָּט כָּל יְצוּרֵי עוֹלָמִים, אִם כְּבָנִים אִם

כַּעֲבָדִים. אִם כְּבָנִים, רַחֲמֵנוּ כְּרַחֵם אָב עַל בָּנִים. וְאִם כַּעֲבָדִים עֵינֵינוּ לְךָ תְלוּיוֹת, עַד שֶׁתְּחָנֵּנוּ וְתוֹצִיא כָאוֹר מִשְׁפָּטֵנוּ, אָיוֹם קָדוֹשׁ:

אֲרֶשֶׁת שְׂפָתֵינוּ יֶעֱרַב לְפָנֶיךָ, אֵל רָם וְנִשָּׂא, מֵבִין וּמַאֲזִין, מַבִּיט וּמַקְשִׁיב לְקוֹל תְּקִיעָתֵנוּ. וּתְקַבֵּל בְּרַחֲמִים וּבְרָצוֹן סֵדֶר זִכְרוֹנוֹתֵינוּ:

אַתָּה נִגְלֵיתָ בַּעֲנַן כְּבוֹדֶךָ, עַל עַם קָדְשְׁךָ, לְדַבֵּר עִמָּם. מִן הַשָּׁמַיִם הִשְׁמַעְתָּם קוֹלֶךָ, וְנִגְלֵיתָ עֲלֵיהֶם בְּעַרְפְלֵּי טֹהַר. גַּם כָּל הָעוֹלָם כֻּלּוֹ חָל מִפָּנֶיךָ, וּבְרִיּוֹת בְּרֵאשִׁית חָרְדוּ מִמֶּךָּ, בְּהִגָּלוֹתְךָ מַלְכֵּנוּ עַל הַר סִינַי לְלַמֵּד לְעַמְּךָ תּוֹרָה וּמִצְווֹת, וַתַּשְׁמִיעֵם אֶת הוֹד קוֹלֶךָ, וְדִבְּרוֹת קָדְשְׁךָ מִלַּהֲבוֹת אֵשׁ. בְּקֹלֹת וּבְרָקִים

עֲלֵיהֶם נִגְלֵיתָ, וּבְקוֹל שֹׁפָר עֲלֵיהֶם הוֹפָעְתָּ, כַּכָּתוּב בְּתוֹרָתֶךָ, וַיְהִי בַיּוֹם הַשְּׁלִישִׁי בִּהְיֹת הַבֹּקֶר, וַיְהִי קֹלֹת וּבְרָקִים, וְעָנָן כָּבֵד עַל הָהָר, וְקֹל שֹׁפָר חָזָק מְאֹד, וַיֶּחֱרַד כָּל הָעָם אֲשֶׁר בַּמַּחֲנֶה: וְנֶאֱמַר, וַיְהִי קוֹל הַשֹּׁפָר הוֹלֵךְ וְחָזֵק מְאֹד, מֹשֶׁה יְדַבֵּר וְהָאֱלֹהִים יַעֲנֶנּוּ בְקוֹל: וְנֶאֱמַר, וְכָל הָעָם רֹאִים אֶת הַקּוֹלֹת, וְאֶת הַלַּפִּידִם, וְאֵת קוֹל הַשֹּׁפָר, וְאֶת הָהָר עָשֵׁן, וַיַּרְא הָעָם וַיָּנֻעוּ וַיַּעַמְדוּ מֵרָחוֹק:

וּבְדִבְרֵי קָדְשְׁךָ כָּתוּב לֵאמֹר, עָלָה אֱלֹהִים בִּתְרוּעָה, יְיָ בְּקוֹל שׁוֹפָר: וְנֶאֱמַר, בַּחֲצֹצְרוֹת וְקוֹל שׁוֹפָר הָרִיעוּ לִפְנֵי הַמֶּלֶךְ יְיָ: וְנֶאֱמַר, תִּקְעוּ בַחֹדֶשׁ שׁוֹפָר, בַּכֶּסֶה לְיוֹם חַגֵּנוּ, כִּי חֹק לְיִשְׂרָאֵל הוּא, מִשְׁפָּט לֵאלֹהֵי יַעֲקֹב: וְנֶאֱמַר, הַלְלוּיָהּ, הַלְלוּ אֵל בְּקָדְשׁוֹ, הַלְלוּהוּ בִּרְקִיעַ עֻזּוֹ: הַלְלוּהוּ בִגְבוּרֹתָיו, הַלְלוּהוּ כְּרֹב גֻּדְלוֹ: הַלְלוּהוּ בְּתֵקַע שׁוֹפָר, הַלְלוּהוּ בְּנֵבֶל וְכִנּוֹר:

הַלְלוּהוּ בְּתֹף וּמָחוֹל, הַלְלוּהוּ בְּמִנִּים וְעֻגָב: הַלְלוּהוּ בְּצִלְצְלֵי שָׁמַע, הַלְלוּהוּ בְּצִלְצְלֵי תְרוּעָה: כֹּל הַנְּשָׁמָה תְּהַלֵּל יָהּ, הַלְלוּיָהּ:

וְעַל יְדֵי עֲבָדֶיךָ הַנְּבִיאִים כָּתוּב לֵאמֹר, כָּל יֹשְׁבֵי תֵבֵל וְשֹׁכְנֵי אָרֶץ, כִּנְשֹׂא נֵס הָרִים תִּרְאוּ, וְכִתְקֹעַ שׁוֹפָר תִּשְׁמָעוּ: וְנֶאֱמַר, וְהָיָה בַּיּוֹם הַהוּא יִתָּקַע בְּשׁוֹפָר גָּדוֹל, וּבָאוּ הָאֹבְדִים בְּאֶרֶץ אַשּׁוּר וְהַנִּדָּחִים בְּאֶרֶץ מִצְרָיִם, וְהִשְׁתַּחֲווּ לַיָי בְּהַר הַקֹּדֶשׁ בִּירוּשָׁלָיִם: וְנֶאֱמַר, וַיָי עֲלֵיהֶם יֵרָאֶה, וְיָצָא כַבָּרָק חִצּוֹ, וַאדֹנָי אֱלֹהִים בַּשּׁוֹפָר יִתְקָע, וְהָלַךְ בְּסַעֲרוֹת תֵּימָן: יְיָ צְבָאוֹת יָגֵן עֲלֵיהֶם. כֵּן תָּגֵן עַל עַמְּךָ יִשְׂרָאֵל בִּשְׁלוֹמֶךָ:

אֱלֹהֵינוּ וֵאלֹהֵי אֲבוֹתֵינוּ, תְּקַע בְּשׁוֹפָר גָּדוֹל לְחֵרוּתֵנוּ, וְשָׂא נֵס לְקַבֵּץ גָּלֻיּוֹתֵינוּ, וְקָרֵב פְּזוּרֵינוּ מִבֵּין הַגּוֹיִם, וּנְפוּצוֹתֵינוּ כַּנֵּס מִיַּרְכְּתֵי אָרֶץ. וַהֲבִיאֵנוּ לְצִיּוֹן עִירְךָ בְּרִנָּה, וְלִירוּשָׁלַיִם

בֵּית מִקְדָּשְׁךָ בְּשִׂמְחַת עוֹלָם. וְשָׁם נַעֲשֶׂה לְפָנֶיךָ אֶת קָרְבְּנוֹת חוֹבוֹתֵינוּ כְּמִצְוָה עָלֵינוּ בְּתוֹרָתֶךָ, עַל יְדֵי מֹשֶׁה עַבְדֶּךָ, מִפִּי כְבוֹדֶךָ כָּאָמוּר, וּבְיוֹם שִׂמְחַתְכֶם, וּבְמוֹעֲדֵיכֶם וּבְרָאשֵׁי חָדְשֵׁיכֶם, וּתְקַעְתֶּם בַּחֲצֹצְרוֹת עַל עֹלֹתֵיכֶם וְעַל זִבְחֵי שַׁלְמֵיכֶם, וְהָיוּ לָכֶם לְזִכָּרוֹן לִפְנֵי אֱלֹהֵיכֶם, אֲנִי יְיָ אֱלֹהֵיכֶם. כִּי אַתָּה שׁוֹמֵעַ קוֹל שׁוֹפָר, וּמַאֲזִין תְּרוּעָה, וְאֵין דּוֹמֶה לָּךְ. בָּרוּךְ אַתָּה יְיָ, שׁוֹמֵעַ קוֹל תְּרוּעַת עַמּוֹ יִשְׂרָאֵל בְּרַחֲמִים:

ותוקעין ואומרים ״היום הרת עולם״:

תקיעה שברים תרועה תקיעה

תקיעה שברים תקיעה

תקיעה תרועה תקיעה גדולה

הַיּוֹם הֲרַת עוֹלָם, הַיּוֹם יַעֲמִיד בַּמִּשְׁפָּט כָּל יְצוּרֵי עוֹלָמִים, אִם כְּבָנִים אִם כַּעֲבָדִים. אִם כְּבָנִים, רַחֲמֵנוּ כְּרַחֵם אָב

עַל בָּנִים. וְאִם כַּעֲבָדִים עֵינֵינוּ לְךָ תְלוּיוֹת, עַד שֶׁתְּחָנֵּנוּ וְתוֹצִיא כָאוֹר מִשְׁפָּטֵנוּ, אָיוֹם קָדוֹשׁ:

אֲרֶשֶׁת שְׂפָתֵינוּ יֶעֱרַב לְפָנֶיךָ, אֵל רָם וְנִשָּׂא, מֵבִין וּמַאֲזִין, מַבִּיט וּמַקְשִׁיב לְקוֹל תְּקִיעָתֵנוּ. וּתְקַבֵּל בְּרַחֲמִים וּבְרָצוֹן סֵדֶר שׁוֹפְרוֹתֵינוּ:

רְצֵה, יְיָ אֱלֹהֵינוּ, בְּעַמְּךָ יִשְׂרָאֵל וּבִתְפִלָּתָם, וְהָשֵׁב אֶת הָעֲבוֹדָה לִדְבִיר בֵּיתֶךָ, וְאִשֵּׁי יִשְׂרָאֵל, וּתְפִלָּתָם בְּאַהֲבָה תְקַבֵּל בְּרָצוֹן, וּתְהִי לְרָצוֹן תָּמִיד עֲבוֹדַת יִשְׂרָאֵל עַמֶּךָ:

וְתֶעֱרַב לְפָנֶיךָ עֲתִירָתֵנוּ כְּעוֹלָה וּכְקָרְבָּן. אָנָּא, רַחוּם, בְּרַחֲמֶיךָ הָרַבִּים הָשֵׁב שְׁכִינָתְךָ לְצִיּוֹן עִירֶךָ, וְסֵדֶר הָעֲבוֹדָה לִירוּשָׁלָיִם. וְתֶחֱזֶינָה עֵינֵינוּ

בְּשׁוּבְךָ לְצִיּוֹן בְּרַחֲמִים, וְשָׁם נַעֲבָדְךָ בְּיִרְאָה כִּימֵי עוֹלָם וּכְשָׁנִים קַדְמוֹנִיּוֹת. חזן: בָּרוּךְ אַתָּה יְיָ, שֶׁאוֹתְךָ לְבַדְּךָ בְּיִרְאָה נַעֲבוֹד:

מוֹדִים אֲנַחְנוּ לָךְ, שָׁאַתָּה הוּא, יְיָ אֱלֹהֵינוּ וֵאלֹהֵי אֲבוֹתֵינוּ, לְעוֹלָם וָעֶד, צוּר חַיֵּינוּ, מָגֵן יִשְׁעֵנוּ, אַתָּה הוּא לְדוֹר וָדוֹר נוֹדֶה לְּךָ וּנְסַפֵּר תְּהִלָּתֶךָ. עַל חַיֵּינוּ הַמְּסוּרִים בְּיָדֶךָ, וְעַל נִשְׁמוֹתֵינוּ הַפְּקוּדוֹת לָךְ, וְעַל נִסֶּיךָ שֶׁבְּכָל יוֹם עִמָּנוּ, וְעַל נִפְלְאוֹתֶיךָ וְטוֹבוֹתֶיךָ שֶׁבְּכָל עֵת, עֶרֶב וָבֹקֶר וְצָהֳרָיִם, הַטּוֹב כִּי לֹא כָלוּ רַחֲמֶיךָ, וְהַמְרַחֵם כִּי לֹא תַמּוּ חֲסָדֶיךָ מֵעוֹלָם קִוִּינוּ לָךְ:

מודים דרבנן

מוֹדִים אֲנַחְנוּ לָךְ, שָׁאַתָּה הוּא יְיָ אֱלֹהֵינוּ וֵאלֹהֵי אֲבוֹתֵינוּ אֱלֹהֵי כָל בָּשָׂר, יוֹצְרֵנוּ,

יוֹצֵר בְּרֵאשִׁית. בְּרָכוֹת וְהוֹדָאוֹת לְשִׁמְךָ הַגָּדוֹל וְהַקָּדוֹשׁ, עַל שֶׁהֶחֱיִיתָנוּ וְקִיַּמְתָּנוּ. כֵּן תְּחַיֵּנוּ וּתְקַיְּמֵנוּ, וְתֶאֱסוֹף גָּלֻיּוֹתֵינוּ לְחַצְרוֹת קָדְשֶׁךָ, לִשְׁמוֹר חֻקֶּיךָ וְלַעֲשׂוֹת רְצוֹנֶךָ, וּלְעָבְדְּךָ בְּלֵבָב שָׁלֵם, עַל שֶׁאֲנַחְנוּ מוֹדִים לָךְ. בָּרוּךְ אֵל הַהוֹדָאוֹת:

וְעַל כֻּלָּם יִתְבָּרַךְ וְיִתְרוֹמַם שִׁמְךָ, מַלְכֵּנוּ, תָּמִיד לְעוֹלָם וָעֶד:

אָבִינוּ מַלְכֵּנוּ, זְכוֹר רַחֲמֶיךָ וּכְבוֹשׁ כַּעַסְךָ, וְכַלֵּה דֶּבֶר וְחֶרֶב, וְרָעָב וּשְׁבִי, וּמַשְׁחִית וְעָוֹן, וּמַגֵּפָה, וּפֶגַע רָע וְכָל מַחֲלָה, וְכָל תְּקָלָה וְכָל קְטָטָה, וְכָל מִינֵי פֻרְעָנִיּוֹת, וְכָל גְּזֵרָה רָעָה וְשִׂנְאַת חִנָּם, מֵעָלֵינוּ וּמֵעַל כָּל בְּנֵי בְרִיתֶךָ:

וּכְתוֹב לְחַיִּים טוֹבִים כָּל בְּנֵי בְרִיתֶךָ:

וְכֹל הַחַיִּים יוֹדוּךָ סֶּלָה, וִיהַלְלוּ אֶת שִׁמְךָ בֶּאֱמֶת, הָאֵל יְשׁוּעָתֵנוּ וְעֶזְרָתֵנוּ סֶלָה. בָּרוּךְ אַתָּה יְיָ, הַטּוֹב שִׁמְךָ וּלְךָ נָאֶה לְהוֹדוֹת:

כהנים בלחש: יְהִי רָצוֹן מִלְּפָנֶיךָ יְיָ אֱלֹהֵינוּ וֵאלֹהֵי אֲבוֹתֵינוּ, שֶׁתְּהֵא הַבְּרָכָה הַזּאת שֶׁצִּוִּיתָנוּ לְבָרֵךְ אֶת עַמְּךָ יִשְׂרָאֵל בְּרָכָה שְׁלֵמָה, וְלֹא יִהְיֶה בָּהּ שׁוּם מִכְשׁוֹל וְעָוֹן מֵעַתָּה וְעַד עוֹלָם:

חזן: אֱלֹהֵינוּ וֵאלֹהֵי אֲבוֹתֵינוּ, בָּרְכֵנוּ בַבְּרָכָה הַמְשֻׁלֶּשֶׁת, בַּתּוֹרָה הַכְּתוּבָה עַל יְדֵי משֶׁה עַבְדֶּךָ, הָאֲמוּרָה מִפִּי אַהֲרֹן וּבָנָיו בקול רם: כֹּהֲנִים והקהל עונים: עַם קְדוֹשֶׁךָ כָּאָמוּר:

ואומרים הכהנים: בָּרוּךְ אַתָּה יְיָ אֱלֹהֵינוּ מֶלֶךְ הָעוֹלָם, אֲשֶׁר קִדְּשָׁנוּ בִּקְדֻשָּׁתוֹ שֶׁל אַהֲרֹן, וְצִוָּנוּ לְבָרֵךְ אֶת עַמּוֹ יִשְׂרָאֵל בְּאַהֲבָה:

יְבָרֶכְךָ יְבָרֶכְךָ יְיָ מִצִּיּוֹן, עֹשֵׂה שָׁמַיִם וָאָרֶץ:
יְיָ יְיָ אֲדוֹנֵינוּ, מָה אַדִּיר שִׁמְךָ בְּכָל הָאָרֶץ:
וְיִשְׁמְרֶךָ. שָׁמְרֵנִי, אֵל, כִּי חָסִיתִי בָךְ:

כשהכהנים מזמרים לפני שאומרים וישמרך, ויחנך, אומרים הקהל זה:

רִבּוֹנוֹ שֶׁל עוֹלָם, אֲנִי שֶׁלָּךְ וַחֲלוֹמוֹתַי שֶׁלָּךְ. חֲלוֹם חָלַמְתִּי וְאֵינִי יוֹדֵעַ מַה הוּא. יְהִי רָצוֹן מִלְּפָנֶיךָ, יְיָ אֱלֹהַי וֵאלֹהֵי אֲבוֹתַי, שֶׁיִּהְיוּ כָּל חֲלוֹמוֹתַי עָלַי וְעַל כָּל יִשְׂרָאֵל לְטוֹבָה

בֵּין שֶׁחָלַמְתִּי עַל עַצְמִי, וּבֵין שֶׁחָלַמְתִּי עַל אֲחֵרִים, וּבֵין שֶׁחָלְמוּ אֲחֵרִים עָלָי. אִם טוֹבִים הֵם, חַזְּקֵם וְאַמְּצֵם, וְיִתְקַיְּמוּ בִי וּבָהֶם כַּחֲלוֹמוֹתָיו שֶׁל יוֹסֵף הַצַּדִּיק. וְאִם צְרִיכִים רְפוּאָה, רְפָאֵם כְּחִזְקִיָּהוּ מֶלֶךְ יְהוּדָה מֵחָלְיוֹ, וּכְמִרְיָם הַנְּבִיאָה מִצָּרַעְתָּהּ, וּכְנַעֲמָן מִצָּרַעְתּוֹ, וּכְמֵי מָרָה עַל יְדֵי מֹשֶׁה רַבֵּנוּ, וּכְמֵי יְרִיחוֹ עַל יְדֵי אֱלִישָׁע. וּכְשֵׁם שֶׁהָפַכְתָּ אֶת קִלְלַת בִּלְעָם הָרָשָׁע מִקְּלָלָה לִבְרָכָה, כֵּן תַּהֲפוֹךְ כָּל חֲלוֹמוֹתַי עָלַי וְעַל כָּל יִשְׂרָאֵל לְטוֹבָה, וְתִשְׁמְרֵנִי וּתְחָנֵּנִי וְתִרְצֵנִי. אָמֵן:

יָאֵר אֱלֹהִים יְחָנֵּנוּ וִיבָרְכֵנוּ, יָאֵר פָּנָיו אִתָּנוּ, סֶלָה:

יי יְיָ יְיָ, אֵל רַחוּם וְחַנּוּן, אֶרֶךְ אַפַּיִם וְרַב חֶסֶד וֶאֱמֶת:

פָּנָיו פְּנֵה אֵלַי וְחָנֵּנִי, כִּי יָחִיד וְעָנִי אָנִי:

אֵלֶיךָ אֵלֶיךָ יְיָ נַפְשִׁי אֶשָּׂא:

וִיחֻנֶּךָּ. הִנֵּה כְעֵינֵי עֲבָדִים אֶל יַד אֲדוֹנֵיהֶם, כְּעֵינֵי שִׁפְחָה אֶל יַד גְּבִרְתָּהּ, כֵּן עֵינֵינוּ אֶל יְיָ אֱלֹהֵינוּ עַד שֶׁיְּחָנֵּנוּ:

רבש״ע:

יִשָּׂא יִשָּׂא בְרָכָה מֵאֵת יְיָ, וּצְדָקָה מֵאֱלֹהֵי יִשְׁעוֹ. וּמְצָא חֵן וְשֵׂכֶל טוֹב בְּעֵינֵי אֱלֹהִים וְאָדָם:

יי יְיָ חָנֵּנוּ, לְךָ קִוִּינוּ, הֱיֵה זְרֹעָם לַבְּקָרִים, אַף יְשׁוּעָתֵנוּ בְּעֵת צָרָה:

פָּנָיו אַל תַּסְתֵּר פָּנֶיךָ מִמֶּנִּי בְּיוֹם צַר לִי, הַטֵּה אֵלַי אָזְנֶךָ, בְּיוֹם אֶקְרָא מַהֵר עֲנֵנִי:

אֵלֶיךָ אֵלֶיךָ נָשָׂאתִי אֶת עֵינַי, הַיֹּשְׁבִי בַּשָּׁמָיִם:

וְשָׂמוּ וְשָׂמוּ אֶת שְׁמִי עַל בְּנֵי יִשְׂרָאֵל, וַאֲנִי אֲבָרְכֵם:

לְךָ לְךָ יְיָ, הַגְּדֻלָּה וְהַגְּבוּרָה וְהַתִּפְאֶרֶת וְהַנֵּצַח וְהַהוֹד. כִּי כֹל בַּשָּׁמַיִם וּבָאָרֶץ, לְךָ יְיָ, הַמַּמְלָכָה וְהַמִּתְנַשֵּׂא לְכֹל לְרֹאשׁ:

שָׁלוֹם. שָׁלוֹם שָׁלוֹם לָרָחוֹק וְלַקָּרוֹב, אָמַר יְיָ, וּרְפָאתִיו:

כשהכהנים מזמרים לפני שאומרים שלום, אומרים הקהל זה:

יְהִי רָצוֹן מִלְּפָנֶיךָ, יְיָ אֱלֹהַי וֵאלֹהֵי אֲבוֹתַי, שֶׁתַּעֲשֶׂה לְמַעַן קְדֻשַּׁת חֲסָדֶיךָ וְגֹדֶל רַחֲמֶיךָ הַפְּשׁוּטִים, וּלְמַעַן טָהֳרַת שִׁמְךָ הַגָּדוֹל הַגִּבּוֹר וְהַנּוֹרָא, בֶּן

עֶשְׂרִים וּשְׁתַּיִם אוֹתִיּוֹת הַיּוֹצְאִים מִן הַפְּסוּקִים שֶׁל בִּרְכַּת כֹּהֲנִים הָאֲמוּרָה מִפִּי אַהֲרֹן וּבָנָיו עַם קְדוֹשֶׁךָ, שֶׁתִּהְיֶה קָרוֹב לִי בְּקָרְאִי לָךְ. וְתִשְׁמַע תְּפִלָּתִי נַאֲקָתִי וְאֶנְקָתִי תָּמִיד, כְּשֵׁם שֶׁשָּׁמַעְתָּ אֶנְקַת יַעֲקֹב תְּמִימֶךָ הַנִּקְרָא אִישׁ תָּם. וְתִתֶּן לִי וּלְכָל נַפְשׁוֹת בֵּיתִי מְזוֹנוֹתֵינוּ וּפַרְנָסָתֵנוּ בְּרֶוַח וְלֹא בְצִמְצוּם, בְּהֶתֵּר וְלֹא בְאִסּוּר, בְּנַחַת וְלֹא בְצַעַר מִתַּחַת יָדְךָ הָרְחָבָה, כְּשֵׁם שֶׁנָּתַתָּ פַּת לֶחֶם לֶאֱכוֹל וּבֶגֶד לִלְבּוֹשׁ לְיַעֲקֹב אָבִינוּ הַנִּקְרָא אִישׁ תָּם. וְתִתְּנֵנוּ לְאַהֲבָה, לְחֵן וּלְחֶסֶד וּלְרַחֲמִים בְּעֵינֶיךָ וּבְעֵינֵי כָל רוֹאֵינוּ, וְיִהְיוּ דְבָרַי נִשְׁמָעִים

לַעֲבוֹדָתֶךָ, כְּשֵׁם שֶׁנָּתַתָּ אֶת יוֹסֵף צַדִּיקֶךָ בְּשָׁעָה שֶׁהִלְבִּישׁוֹ אָבִיו כְּתֹנֶת פַּסִּים לְחֵן וּלְחֶסֶד וּלְרַחֲמִים בְּעֵינֶיךָ וּבְעֵינֵי כָל רוֹאָיו. וְתַעֲשֶׂה עִמִּי נִפְלָאוֹת וְנִסִּים, וּלְטוֹבָה אוֹת, וְתַצְלִיחֵנִי בִּדְרָכַי, וְתֵן בְּלִבִּי בִּינָה לְהָבִין וּלְהַשְׂכִּיל וּלְקַיֵּם אֶת כָּל דִּבְרֵי תַלְמוּד תּוֹרָתֶךָ וְסוֹדוֹתֶיהָ, וְתַצִּילֵנִי מִשְּׁגִיאוֹת, וּתְטַהֵר רַעְיוֹנַי וְלִבִּי לַעֲבוֹדָתֶךָ וּלְיִרְאָתֶךָ. וְתַאֲרִיךְ יָמַי (יאמר מה ששייך אליו וִימֵי אָבִי וְאִמִּי וְאִשְׁתִּי וּבָנַי וּבְנוֹתַי) בְּטוֹב וּבִנְעִימוֹת, בְּרֹב עֹז וְשָׁלוֹם, אָמֵן סֶלָה:

אחר הדוכן אומרים הקהל זה:

אַדִּיר בַּמָּרוֹם, שׁוֹכֵן בִּגְבוּרָה, אַתָּה שָׁלוֹם וְשִׁמְךָ שָׁלוֹם. יְהִי רָצוֹן שֶׁתָּשִׂים עָלֵינוּ וְעַל כָּל עַמְּךָ בֵּית יִשְׂרָאֵל חַיִּים וּבְרָכָה לְמִשְׁמֶרֶת שָׁלוֹם:

אחר הדוכן אומרים הכהנים זה:

רִבּוֹנוֹ שֶׁל עוֹלָם, עָשִׂינוּ מַה שֶּׁגָּזַרְתָּ עָלֵינוּ, אַף אַתָּה עֲשֵׂה עִמָּנוּ כְּמָה שֶׁהִבְטַחְתָּנוּ. הַשְׁקִיפָה מִמְּעוֹן קָדְשְׁךָ, מִן הַשָּׁמַיִם, וּבָרֵךְ אֶת עַמְּךָ אֶת יִשְׂרָאֵל, וְאֵת הָאֲדָמָה אֲשֶׁר נָתַתָּה לָנוּ, כַּאֲשֶׁר נִשְׁבַּעְתָּ לַאֲבוֹתֵינוּ אֶרֶץ זָבַת חָלָב וּדְבָשׁ:

שִׂים שָׁלוֹם טוֹבָה וּבְרָכָה, חֵן וָחֶסֶד וְרַחֲמִים, עָלֵינוּ וְעַל כָּל יִשְׂרָאֵל עַמֶּךָ. בָּרְכֵנוּ, אָבִינוּ, כֻּלָּנוּ כְּאֶחָד בְּאוֹר פָּנֶיךָ, כִּי בְאוֹר פָּנֶיךָ נָתַתָּ

לָנוּ, יְיָ אֱלֹהֵינוּ, תּוֹרַת חַיִּים וְאַהֲבַת חֶסֶד, וּצְדָקָה וּבְרָכָה וְרַחֲמִים וְחַיִּים וְשָׁלוֹם, וְטוֹב בְּעֵינֶיךָ לְבָרֵךְ אֶת עַמְּךָ יִשְׂרָאֵל בְּכָל עֵת וּבְכָל שָׁעָה בִּשְׁלוֹמֶךָ:

בְּסֵפֶר חַיִּים, בְּרָכָה, וְשָׁלוֹם, וּפַרְנָסָה טוֹבָה, נִזָּכֵר וְנִכָּתֵב לְפָנֶיךָ, אֲנַחְנוּ וְכָל עַמְּךָ בֵּית יִשְׂרָאֵל, לְחַיִּים טוֹבִים וּלְשָׁלוֹם:

וְנֶאֱמַר, כִּי בִי יִרְבּוּ יָמֶיךָ, וְיוֹסִיפוּ לְךָ שְׁנוֹת חַיִּים. לְחַיִּים טוֹבִים תִּכְתְּבֵנוּ, אֱלֹהִים חַיִּים. כָּתְבֵנוּ בְּסֵפֶר הַחַיִּים, כַּכָּתוּב, וְאַתֶּם הַדְּבֵקִים בַּייָ אֱלֹהֵיכֶם, חַיִּים כֻּלְּכֶם הַיּוֹם:

פותחין הארון

הַיּוֹם תְּאַמְּצֵנוּ: אָמֵן

הַיּוֹם תְּבָרְכֵנוּ: אָמֵן

הַיּוֹם תְּגַדְּלֵנוּ: אָמֵן

הַיּוֹם תִּדְרְשֵׁנוּ לְטוֹבָה: אָמֵן

הַיּוֹם תִּשְׁמַע שַׁוְעָתֵנוּ: אָמֵן

הַיּוֹם תְּקַבֵּל בְּרַחֲמִים וּבְרָצוֹן
אֶת תְּפִלָּתֵנוּ: אָמֵן

הַיּוֹם תִּתְמְכֵנוּ בִּימִין צִדְקֶךָ: אָמֵן:

סוגרין הארון

כְּהַיּוֹם הַזֶּה תְּבִיאֵנוּ שָׂשִׂים וּשְׂמֵחִים
בְּבִנְיַן שָׁלֵם, כַּכָּתוּב עַל יַד נְבִיאֶךָ,
וַהֲבִיאוֹתִים אֶל הַר קָדְשִׁי, וְשִׂמַּחְתִּים

בְּבֵית תְּפִלָּתִי, עוֹלֹתֵיהֶם וְזִבְחֵיהֶם לְרָצוֹן עַל מִזְבְּחִי, כִּי בֵיתִי בֵּית תְּפִלָּה יִקָּרֵא לְכָל הָעַמִּים. וְנֶאֱמַר, וַיְצַוֵּנוּ יְיָ לַעֲשׂוֹת אֶת כָּל הַחֻקִּים הָאֵלֶּה, לְיִרְאָה אֶת יְיָ אֱלֹהֵינוּ, לְטוֹב לָנוּ כָּל הַיָּמִים, לְחַיּוֹתֵנוּ כְּהַיּוֹם הַזֶּה. וְנֶאֱמַר וּצְדָקָה תִּהְיֶה לָּנוּ, כִּי נִשְׁמֹר לַעֲשׂוֹת אֶת כָּל הַמִּצְוָה הַזֹּאת לִפְנֵי יְיָ אֱלֹהֵינוּ, כַּאֲשֶׁר צִוָּנוּ. וּצְדָקָה וּבְרָכָה וְרַחֲמִים וְחַיִּים וְשָׁלוֹם יִהְיֶה לָנוּ וּלְכָל יִשְׂרָאֵל עַד הָעוֹלָם:

בָּרוּךְ אַתָּה יְיָ, עוֹשֵׂה הַשָּׁלוֹם:

קדיש תתקבל - בסוף המחזור

לפני "תתקבל" תוקעין

קַוֵּה אֶל יְיָ, חֲזַק וְיַאֲמֵץ לִבֶּךָ, וְקַוֵּה אֶל יְיָ. אֵין קָדוֹשׁ כַּיְיָ, כִּי אֵין בִּלְתֶּךָ, וְאֵין צוּר כֵּאלֹהֵינוּ. כִּי מִי אֱלוֹהַּ מִבַּלְעֲדֵי יְיָ, וּמִי צוּר זוּלָתִי אֱלֹהֵינוּ.

אֵין כֵּאלֹהֵינוּ, אֵין כַּאדוֹנֵינוּ, אֵין כְּמַלְכֵּנוּ, אֵין כְּמוֹשִׁיעֵנוּ. מִי כֵאלֹהֵינוּ, מִי כַאדוֹנֵינוּ, מִי כְמַלְכֵּנוּ, מִי כְמוֹשִׁיעֵנוּ. נוֹדֶה לֵאלֹהֵינוּ, נוֹדֶה לַאדוֹנֵינוּ, נוֹדֶה לְמַלְכֵּנוּ, נוֹדֶה לְמוֹשִׁיעֵנוּ. בָּרוּךְ אֱלֹהֵינוּ, בָּרוּךְ אֲדוֹנֵינוּ, בָּרוּךְ מַלְכֵּנוּ, בָּרוּךְ מוֹשִׁיעֵנוּ. אַתָּה הוּא אֱלֹהֵינוּ, אַתָּה הוּא אֲדוֹנֵינוּ, אַתָּה הוּא מַלְכֵּנוּ, אַתָּה הוּא מוֹשִׁיעֵנוּ. אַתָּה הוּא

שֶׁהִקְטִירוּ אֲבוֹתֵינוּ לְפָנֶיךָ אֶת קְטֹרֶת הַסַּמִּים:

פִּטּוּם הַקְּטֹרֶת, הַצֳּרִי, וְהַצִּפֹּרֶן, הַחֶלְבְּנָה, וְהַלְּבוֹנָה, מִשְׁקַל שִׁבְעִים שִׁבְעִים מָנֶה. מוֹר, וּקְצִיעָה, שִׁבֹּלֶת נֵרְדְּ, וְכַרְכֹּם, מִשְׁקַל שִׁשָּׁה עָשָׂר שִׁשָּׁה עָשָׂר מָנֶה. הַקֹּשְׁטְ שְׁנֵים עָשָׂר, וְקִלּוּפָה שְׁלֹשָׁה, וְקִנָּמוֹן תִּשְׁעָה. בֹּרִית כַּרְשִׁינָה תִּשְׁעָה קַבִּין, יֵין קַפְרִיסִין סְאִין תְּלָתָא וְקַבִּין תְּלָתָא, וְאִם אֵין לוֹ יֵין קַפְרִיסִין, מֵבִיא חֲמַר חִוַּרְיָן עַתִּיק, מֶלַח סְדוֹמִית רֹבַע הַקָּב, מַעֲלֶה עָשָׁן כָּל שֶׁהוּא. רַבִּי נָתָן הַבַּבְלִי אוֹמֵר, אַף כִּפַּת הַיַּרְדֵּן כָּל שֶׁהוּא. וְאִם נָתַן בָּהּ דְּבַשׁ פְּסָלָהּ. וְאִם חִסַּר אַחַת מִכָּל סַמָּנֶיהָ, חַיָּב מִיתָה:

רַבָּן שִׁמְעוֹן בֶּן גַּמְלִיאֵל אוֹמֵר, הַצֳּרִי אֵינוֹ אֶלָּא שְׂרָף הַנּוֹטֵף מֵעֲצֵי הַקְּטָף. בֹּרִית כַּרְשִׁינָה שֶׁשָּׁפִין בָּהּ אֶת הַצִּפֹּרֶן כְּדֵי שֶׁתְּהֵא נָאָה, יֵין קַפְרִיסִין שֶׁשּׁוֹרִין בּוֹ אֶת הַצִּפֹּרֶן כְּדֵי שֶׁתְּהֵא עַזָּה, וַהֲלֹא מֵי רַגְלַיִם יָפִין לָהּ, אֶלָּא שֶׁאֵין מַכְנִיסִין מֵי רַגְלַיִם בָּעֲזָרָה מִפְּנֵי הַכָּבוֹד:

הַשִּׁיר שֶׁהַלְוִיִּם הָיוּ אוֹמְרִים בְּבֵית הַמִּקְדָּשׁ. בַּיּוֹם הָרִאשׁוֹן הָיוּ אוֹמְרִים, לַיְיָ הָאָרֶץ וּמְלוֹאָהּ, תֵּבֵל וְיֹשְׁבֵי בָהּ: בַּשֵּׁנִי הָיוּ אוֹמְרִים, גָּדוֹל יְיָ וּמְהֻלָּל מְאֹד, בְּעִיר אֱלֹהֵינוּ הַר קָדְשׁוֹ: בַּשְּׁלִישִׁי הָיוּ אוֹמְרִים, אֱלֹהִים נִצָּב בַּעֲדַת אֵל, בְּקֶרֶב אֱלֹהִים יִשְׁפֹּט: בָּרְבִיעִי הָיוּ אוֹמְרִים, אֵל נְקָמוֹת יְיָ, אֵל נְקָמוֹת הוֹפִיעַ: בַּחֲמִישִׁי הָיוּ

אוֹמְרִים, הַרְנִינוּ לֵאלֹהִים עוּזֵּנוּ, הָרִיעוּ לֵאלֹהֵי יַעֲקֹב: בַּשִּׁשִּׁי הָיוּ אוֹמְרִים, יְיָ מָלָךְ גֵּאוּת לָבֵשׁ, לָבֵשׁ יְיָ עֹז הִתְאַזָּר, אַף תִּכּוֹן תֵּבֵל בַּל תִּמּוֹט: בַּשַּׁבָּת הָיוּ אוֹמְרִים, מִזְמוֹר שִׁיר לְיוֹם הַשַּׁבָּת: מִזְמוֹר שִׁיר לֶעָתִיד לָבֹא, לְיוֹם שֶׁכֻּלּוֹ שַׁבָּת וּמְנוּחָה לְחַיֵּי הָעוֹלָמִים:

תָּנָא דְבֵי אֵלִיָּהוּ, כָּל הַשּׁוֹנֶה הֲלָכוֹת בְּכָל יוֹם, מֻבְטָח לוֹ שֶׁהוּא בֶּן עוֹלָם הַבָּא, שֶׁנֶּאֱמַר, הֲלִיכוֹת עוֹלָם לוֹ, אַל תִּקְרֵי הֲלִיכוֹת, אֶלָּא הֲלָכוֹת:

אָמַר רַבִּי אֶלְעָזָר אָמַר רַבִּי חֲנִינָא, תַּלְמִידֵי חֲכָמִים מַרְבִּים שָׁלוֹם בָּעוֹלָם, שֶׁנֶּאֱמַר, וְכָל בָּנַיִךְ לִמּוּדֵי יְיָ, וְרַב שְׁלוֹם בָּנָיִךְ, אַל תִּקְרֵי בָּנָיִךְ אֶלָּא בּוֹנָיִךְ. שָׁלוֹם

רָב לְאֹהֲבֵי תוֹרָתֶךָ, וְאֵין לָמוֹ מִכְשׁוֹל. יְהִי שָׁלוֹם בְּחֵילֵךְ, שַׁלְוָה בְּאַרְמְנוֹתָיִךְ. לְמַעַן אַחַי וְרֵעָי, אֲדַבְּרָה נָּא שָׁלוֹם בָּךְ. לְמַעַן בֵּית יְיָ אֱלֹהֵינוּ, אֲבַקְשָׁה טוֹב לָךְ. יְיָ עֹז לְעַמּוֹ יִתֵּן, יְיָ יְבָרֵךְ אֶת עַמּוֹ בַשָּׁלוֹם:

קדיש דרבנן - בסוף המחזור

עָלֵינוּ לְשַׁבֵּחַ לַאֲדוֹן הַכֹּל, לָתֵת גְּדֻלָּה לְיוֹצֵר בְּרֵאשִׁית, שֶׁלֹּא עָשָׂנוּ כְּגוֹיֵי הָאֲרָצוֹת, וְלֹא שָׂמָנוּ כְּמִשְׁפְּחוֹת הָאֲדָמָה, שֶׁלֹּא שָׂם חֶלְקֵנוּ כָּהֶם, וְגוֹרָלֵנוּ כְּכָל הֲמוֹנָם. וַאֲנַחְנוּ כּוֹרְעִים וּמִשְׁתַּחֲוִים וּמוֹדִים, לִפְנֵי מֶלֶךְ, מַלְכֵי הַמְּלָכִים, הַקָּדוֹשׁ בָּרוּךְ הוּא.

שֶׁהוּא נוֹטֶה שָׁמַיִם וְיוֹסֵד אָרֶץ, וּמוֹשַׁב יְקָרוֹ בַּשָּׁמַיִם מִמַּעַל, וּשְׁכִינַת עֻזּוֹ בְּגָבְהֵי מְרוֹמִים, הוּא אֱלֹהֵינוּ אֵין עוֹד. אֱמֶת מַלְכֵּנוּ אֶפֶס זוּלָתוֹ, כַּכָּתוּב בְּתוֹרָתוֹ, וְיָדַעְתָּ הַיּוֹם וַהֲשֵׁבֹתָ אֶל לְבָבֶךָ, כִּי יְיָ הוּא הָאֱלֹהִים בַּשָּׁמַיִם מִמַּעַל, וְעַל הָאָרֶץ מִתָּחַת, אֵין עוֹד:

עַל כֵּן נְקַוֶּה לְךָ יְיָ אֱלֹהֵינוּ, לִרְאוֹת מְהֵרָה בְּתִפְאֶרֶת עֻזֶּךָ, לְהַעֲבִיר גִּלּוּלִים מִן הָאָרֶץ וְהָאֱלִילִים כָּרוֹת יִכָּרֵתוּן. לְתַקֵּן עוֹלָם בְּמַלְכוּת שַׁדַּי, וְכָל בְּנֵי בָשָׂר

יִקְרְאוּ בִשְׁמֶךָ. לְהַפְנוֹת אֵלֶיךָ כָּל רִשְׁעֵי אָרֶץ. יַכִּירוּ וְיֵדְעוּ כָּל יוֹשְׁבֵי תֵבֵל, כִּי לְךָ תִּכְרַע כָּל בֶּרֶךְ, תִּשָּׁבַע כָּל לָשׁוֹן. לְפָנֶיךָ יְיָ אֱלֹהֵינוּ יִכְרְעוּ וְיִפֹּלוּ. וְלִכְבוֹד שִׁמְךָ יְקָר יִתֵּנוּ. וִיקַבְּלוּ כֻלָּם אֶת עוֹל מַלְכוּתֶךָ. וְתִמְלֹךְ עֲלֵיהֶם מְהֵרָה לְעוֹלָם וָעֶד. כִּי הַמַּלְכוּת שֶׁלְּךָ הִיא, וּלְעוֹלְמֵי עַד תִּמְלוֹךְ בְּכָבוֹד. כַּכָּתוּב בְּתוֹרָתֶךָ, יְיָ יִמְלֹךְ לְעוֹלָם וָעֶד. וְנֶאֱמַר, וְהָיָה יְיָ לְמֶלֶךְ עַל כָּל הָאָרֶץ, בַּיּוֹם הַהוּא יִהְיֶה יְיָ אֶחָד, וּשְׁמוֹ אֶחָד:

קדיש יתום - בסוף המחזור

שיר של יום

ליום ראשון:

הַיּוֹם יוֹם רִאשׁוֹן בְּשַׁבָּת שֶׁבּוֹ הָיוּ הַלְוִיִּם אוֹמְרִים בְּבֵית הַמִּקְדָּשׁ:

לְדָוִד מִזְמוֹר, לַיְיָ הָאָרֶץ וּמְלוֹאָהּ, תֵּבֵל וְיֹשְׁבֵי בָהּ: כִּי הוּא עַל יַמִּים יְסָדָהּ, וְעַל נְהָרוֹת יְכוֹנְנֶהָ: מִי יַעֲלֶה בְהַר יְיָ, וּמִי יָקוּם בִּמְקוֹם קָדְשׁוֹ: נְקִי כַפַּיִם וּבַר לֵבָב, אֲשֶׁר לֹא נָשָׂא לַשָּׁוְא נַפְשִׁי, וְלֹא נִשְׁבַּע לְמִרְמָה: יִשָּׂא בְרָכָה מֵאֵת יְיָ, וּצְדָקָה מֵאֱלֹהֵי יִשְׁעוֹ: זֶה דּוֹר דֹּרְשָׁיו, מְבַקְשֵׁי פָנֶיךָ יַעֲקֹב סֶלָה: שְׂאוּ שְׁעָרִים רָאשֵׁיכֶם, וְהִנָּשְׂאוּ פִּתְחֵי עוֹלָם, וְיָבוֹא מֶלֶךְ הַכָּבוֹד: מִי זֶה מֶלֶךְ הַכָּבוֹד, יְיָ עִזּוּז וְגִבּוֹר, יְיָ גִּבּוֹר מִלְחָמָה: שְׂאוּ שְׁעָרִים

רָאשֵׁיכֶם, וּשְׂאוּ פִּתְחֵי עוֹלָם, וְיָבֹא מֶלֶךְ הַכָּבוֹד: מִי הוּא זֶה מֶלֶךְ הַכָּבוֹד, יְיָ צְבָאוֹת, הוּא מֶלֶךְ הַכָּבוֹד סֶלָה:

קדיש יתום - בסוף המחזור

ליום שלישי:

הַיּוֹם יוֹם שְׁלִישִׁי בַּשַּׁבָּת שֶׁבּוֹ הָיוּ הַלְוִיִּם אוֹמְרִים בְּבֵית הַמִּקְדָּשׁ:

מִזְמוֹר לְאָסָף, אֱלֹהִים נִצָּב בַּעֲדַת אֵל, בְּקֶרֶב אֱלֹהִים יִשְׁפֹּט: עַד מָתַי תִּשְׁפְּטוּ עָוֶל, וּפְנֵי רְשָׁעִים תִּשְׂאוּ סֶלָה: שִׁפְטוּ דַל וְיָתוֹם, עָנִי וָרָשׁ הַצְדִּיקוּ: פַּלְּטוּ דַל וְאֶבְיוֹן, מִיַּד רְשָׁעִים הַצִּילוּ: לֹא יָדְעוּ וְלֹא יָבִינוּ, בַּחֲשֵׁכָה יִתְהַלָּכוּ, יִמּוֹטוּ כָּל מוֹסְדֵי אָרֶץ: אֲנִי אָמַרְתִּי אֱלֹהִים אַתֶּם,

וּבְנֵי עֶלְיוֹן כֻּלְּכֶם: אָכֵן כְּאָדָם תְּמוּתוּן, וּכְאַחַד הַשָּׂרִים תִּפֹּלוּ: קוּמָה אֱלֹהִים שָׁפְטָה הָאָרֶץ, כִּי אַתָּה תִנְחַל בְּכָל הַגּוֹיִם:

קדיש יתום - בסוף המחזור

ליום רביעי:

הַיּוֹם יוֹם רְבִיעִי בְּשַׁבָּת, שֶׁבּוֹ הָיוּ הַלְוִיִּם אוֹמְרִים בְּבֵית הַמִּקְדָּשׁ:

אֵל נְקָמוֹת יְיָ, אֵל נְקָמוֹת הוֹפִיעַ: הִנָּשֵׂא שֹׁפֵט הָאָרֶץ, הָשֵׁב גְּמוּל עַל גֵּאִים: עַד מָתַי רְשָׁעִים יְיָ, עַד מָתַי רְשָׁעִים יַעֲלֹזוּ: יַבִּיעוּ יְדַבְּרוּ עָתָק, יִתְאַמְּרוּ כָּל פֹּעֲלֵי אָוֶן: עַמְּךָ יְיָ יְדַכְּאוּ, וְנַחֲלָתְךָ יְעַנּוּ: אַלְמָנָה וְגֵר יַהֲרֹגוּ, וִיתוֹמִים יְרַצֵּחוּ: וַיֹּאמְרוּ לֹא יִרְאֶה יָּהּ,

וְלֹא יָבִין אֱלֹהֵי יַעֲקֹב: בִּינוּ בֹּעֲרִים בָּעָם, וּכְסִילִים מָתַי תַּשְׂכִּילוּ: הֲנֹטַע אֹזֶן הֲלֹא יִשְׁמָע, אִם יֹצֵר עַיִן הֲלֹא יַבִּיט: הֲיֹסֵר גּוֹיִם הֲלֹא יוֹכִיחַ, הַמְלַמֵּד אָדָם דָּעַת: יְיָ יֹדֵעַ מַחְשְׁבוֹת אָדָם, כִּי הֵמָּה הָבֶל: אַשְׁרֵי הַגֶּבֶר, אֲשֶׁר תְּיַסְּרֶנּוּ יָּהּ, וּמִתּוֹרָתְךָ תְלַמְּדֶנּוּ: לְהַשְׁקִיט לוֹ מִימֵי רָע עַד יִכָּרֶה לָרָשָׁע שָׁחַת: כִּי לֹא יִטֹּשׁ יְיָ עַמּוֹ, וְנַחֲלָתוֹ לֹא יַעֲזֹב: כִּי עַד צֶדֶק יָשׁוּב מִשְׁפָּט, וְאַחֲרָיו כָּל יִשְׁרֵי לֵב: מִי יָקוּם לִי עִם מְרֵעִים, מִי יִתְיַצֵּב לִי עִם פֹּעֲלֵי אָוֶן: לוּלֵי יְיָ עֶזְרָתָה לִּי, כִּמְעַט שָׁכְנָה דוּמָה נַפְשִׁי: אִם אָמַרְתִּי מָטָה רַגְלִי, חַסְדְּךָ יְיָ יִסְעָדֵנִי: בְּרֹב שַׂרְעַפַּי בְּקִרְבִּי, תַּנְחוּמֶיךָ יְשַׁעַשְׁעוּ נַפְשִׁי:

הַיְחָבְרְךָ כִּסֵּא הַוּוֹת, יוֹצֵר עָמָל עֲלֵי חֹק: יָגוֹדּוּ עַל נֶפֶשׁ צַדִּיק, וְדָם נָקִי יַרְשִׁיעוּ: וַיְהִי יְיָ לִי לְמִשְׂגָּב, וֵאלֹהַי לְצוּר מַחְסִי: וַיָּשֶׁב עֲלֵיהֶם אֶת אוֹנָם, וּבְרָעָתָם יַצְמִיתֵם, יַצְמִיתֵם יְיָ אֱלֹהֵינוּ: לְכוּ נְרַנְּנָה לַיְיָ, נָרִיעָה לְצוּר יִשְׁעֵנוּ: נְקַדְּמָה פָנָיו בְּתוֹדָה, בִּזְמִרוֹת נָרִיעַ לוֹ: כִּי אֵל גָּדוֹל יְיָ, וּמֶלֶךְ גָּדוֹל עַל כָּל אֱלֹהִים:

קדיש יתום - בסוף המחזור

ליום שישי:

הַיּוֹם יוֹם שִׁשִּׁי בַּשַּׁבָּת, שֶׁבּוֹ הָיוּ הַלְוִיִּם אוֹמְרִים בְּבֵית הַמִּקְדָּשׁ:

יְיָ מָלָךְ גֵּאוּת לָבֵשׁ לָבֵשׁ יְיָ עֹז הִתְאַזָּר אַף תִּכּוֹן תֵּבֵל בַּל תִּמּוֹט: נָכוֹן כִּסְאֲךָ מֵאָז, מֵעוֹלָם אָתָּה: נָשְׂאוּ נְהָרוֹת יְיָ

נָשְׂאוּ נְהָרוֹת קוֹלָם, יִשְׂאוּ נְהָרוֹת דָּכְיָם: מִקֹּלוֹת מַיִם רַבִּים אַדִּירִים מִשְׁבְּרֵי יָם, אַדִּיר בַּמָּרוֹם יְיָ: עֵדֹתֶיךָ נֶאֶמְנוּ מְאֹד לְבֵיתְךָ נַאֲוָה קֹדֶשׁ יְיָ לְאֹרֶךְ יָמִים:

קדיש יתום - בסוף המחזור

לְדָוִד, יְיָ אוֹרִי וְיִשְׁעִי, מִמִּי אִירָא, יְיָ מָעוֹז חַיַּי מִמִּי אֶפְחָד: בִּקְרֹב עָלַי מְרֵעִים, לֶאֱכֹל אֶת בְּשָׂרִי, צָרַי וְאֹיְבַי לִי, הֵמָּה כָּשְׁלוּ וְנָפָלוּ: אִם תַּחֲנֶה עָלַי מַחֲנֶה, לֹא יִירָא לִבִּי, אִם תָּקוּם עָלַי מִלְחָמָה, בְּזֹאת אֲנִי בוֹטֵחַ: אַחַת שָׁאַלְתִּי מֵאֵת יְיָ, אוֹתָהּ אֲבַקֵּשׁ, שִׁבְתִּי בְּבֵית יְיָ, כָּל יְמֵי חַיַּי, לַחֲזוֹת בְּנֹעַם יְיָ וּלְבַקֵּר בְּהֵיכָלוֹ: כִּי יִצְפְּנֵנִי בְּסֻכֹּה בְּיוֹם רָעָה, יַסְתִּרֵנִי בְּסֵתֶר

אָהֳלוֹ בְּצוּר יְרוֹמְמֵנִי: וְעַתָּה יָרוּם רֹאשִׁי עַל אֹיְבַי סְבִיבוֹתַי, וְאֶזְבְּחָה בְאָהֳלוֹ זִבְחֵי תְרוּעָה, אָשִׁירָה וַאֲזַמְּרָה לַיְיָ: שְׁמַע יְיָ קוֹלִי אֶקְרָא, וְחָנֵּנִי וַעֲנֵנִי: לְךָ אָמַר לִבִּי, בַּקְּשׁוּ פָנָי, אֶת פָּנֶיךָ יְיָ אֲבַקֵּשׁ: אַל תַּסְתֵּר פָּנֶיךָ מִמֶּנִּי, אַל תַּט בְּאַף עַבְדֶּךָ, עֶזְרָתִי הָיִיתָ, אַל תִּטְּשֵׁנִי וְאַל תַּעַזְבֵנִי אֱלֹהֵי יִשְׁעִי: כִּי אָבִי וְאִמִּי עֲזָבוּנִי, וַיְיָ יַאַסְפֵנִי: הוֹרֵנִי יְיָ דַּרְכֶּךָ, וּנְחֵנִי בְּאֹרַח מִישׁוֹר, לְמַעַן שׁוֹרְרָי: אַל תִּתְּנֵנִי בְּנֶפֶשׁ צָרָי, כִּי קָמוּ בִי עֵדֵי שֶׁקֶר וִיפֵחַ חָמָס: לוּלֵא הֶאֱמַנְתִּי לִרְאוֹת בְּטוּב יְיָ בְּאֶרֶץ חַיִּים: קַוֵּה אֶל יְיָ, חֲזַק וְיַאֲמֵץ לִבֶּךָ וְקַוֵּה אֶל יְיָ:

קדיש יתום - בסוף המחזור

שיר הכבוד

פותחין הארון

חזן: אַנְעִים זְמִירוֹת וְשִׁירִים אֶאֱרוֹג. כִּי אֵלֶיךָ נַפְשִׁי תַעֲרוֹג:

קהל: נַפְשִׁי חָמְדָה בְּצֵל יָדֶךָ. לָדַעַת כָּל רָז סוֹדֶךָ:

חזן: מִדֵּי דַבְּרִי בִּכְבוֹדֶךָ. הוֹמֶה לִבִּי אֶל דּוֹדֶיךָ:

קהל: עַל כֵּן אֲדַבֵּר בְּךָ נִכְבָּדוֹת. וְשִׁמְךָ אֲכַבֵּד בְּשִׁירֵי יְדִידוֹת:

חזן: אֲסַפְּרָה כְבוֹדְךָ וְלֹא רְאִיתִיךָ. אֲדַמְּךָ אֲכַנְּךָ וְלֹא יְדַעְתִּיךָ:

קהל: בְּיַד נְבִיאֶיךָ בְּסוֹד עֲבָדֶיךָ. דִּמִּיתָ הֲדַר כְּבוֹד הוֹדֶךָ:

חזן: גְּדֻלָּתְךָ וּגְבוּרָתֶךָ. כִּנּוּ לְתוֹקֶף פְּעֻלָּתֶךָ:

קהל: דִּמּוּ אוֹתְךָ וְלֹא כְּפִי יֶשְׁךָ, וַיְשַׁוּוּךָ לְפִי מַעֲשֶׂיךָ:

חזן: הַמְּשִׁילוּךְ בְּרוֹב חֶזְיוֹנוֹת. הִנְּךָ אֶחָד בְּכָל דִּמְיוֹנוֹת:

קהל: וַיֶּחֱזוּ בְךָ זִקְנָה וּבַחֲרוּת. וּשְׂעַר רֹאשְׁךָ בְּשֵׂיבָה וְשַׁחֲרוּת:

חזן: זִקְנָה בְּיוֹם דִּין וּבַחֲרוּת בְּיוֹם קְרָב. כְּאִישׁ מִלְחָמוֹת יָדָיו לוֹ רָב:

קהל: חָבַשׁ כּוֹבַע יְשׁוּעָה בְּרֹאשׁוֹ. הוֹשִׁיעָה לּוֹ יְמִינוֹ וּזְרוֹעַ קָדְשׁוֹ:

חזן: טַלְלֵי אוֹרוֹת רֹאשׁוֹ נִמְלָא. קְוֻצּוֹתָיו רְסִיסֵי לָיְלָה:

קהל: יִתְפָּאֵר בִּי כִּי חָפֵץ בִּי. וְהוּא יִהְיֶה לִּי לַעֲטֶרֶת צְבִי:

חזן: כֶּתֶם טָהוֹר פָּז דְּמוּת רֹאשׁוֹ. וְחַק עַל מֵצַח כְּבוֹד שֵׁם קָדְשׁוֹ:

קהל: לְחֵן וּלְכָבוֹד צְבִי תִפְאָרָה. אֻמָּתוֹ לוֹ עִטְּרָה עֲטָרָה:

חזן: מַחְלְפוֹת רֹאשׁוֹ כְּבִימֵי בְחֻרוֹת. קְוֻצּוֹתָיו תַּלְתַּלִּים שְׁחוֹרוֹת:

קהל: נְוֵה הַצֶּדֶק צְבִי תִפְאַרְתּוֹ. יַעֲלֶה נָּא עַל רֹאשׁ שִׂמְחָתוֹ:

חזן: סְגֻלָּתוֹ תְּהִי בְיָדוֹ עֲטֶרֶת. וּצְנִיף מְלוּכָה צְבִי תִפְאֶרֶת:

קהל: עֲמוּסִים נְשָׂאָם עֲטֶרֶת עִנְּדָם. מֵאֲשֶׁר יָקְרוּ בְעֵינָיו כִּבְּדָם:

חזן: פְּאֵרוֹ עָלַי וּפְאֵרִי עָלָיו. וְקָרוֹב אֵלַי בְּקָרְאִי אֵלָיו:

קהל: צַח וְאָדוֹם לִלְבוּשׁוֹ אָדוֹם. פּוּרָה בְדָרְכוֹ בְּבוֹאוֹ מֵאֱדוֹם:

חזן: קֶשֶׁר תְּפִלִּין הֶרְאָה לֶעָנָיו. תְּמוּנַת יְיָ לְנֶגֶד עֵינָיו:

קהל: רוֹצֶה בְעַמּוֹ עֲנָוִים יְפָאֵר. יוֹשֵׁב תְּהִלּוֹת בָּם לְהִתְפָּאֵר:

חזן: רֹאשׁ דְּבָרְךָ אֱמֶת קוֹרֵא מֵרֹאשׁ. דּוֹר וָדוֹר עַם דּוֹרֶשְׁךָ דְּרוֹשׁ:

קהל: שִׁית הֲמוֹן שִׁירַי נָא עָלֶיךָ. וְרִנָּתִי תִּקְרַב אֵלֶיךָ:

חזן: תְּהִלָּתִי תְּהִי נָא לְרֹאשְׁךָ עֲטֶרֶת. וּתְפִלָּתִי תִּכּוֹן קְטוֹרֶת:

קהל: תִּיקַר שִׁירַת רָשׁ בְּעֵינֶיךָ. כַּשִּׁיר יוּשַׁר עַל קָרְבָּנֶיךָ:

חזן: בִּרְכָתִי תַעֲלֶה לְרֹאשׁ מַשְׁבִּיר. מְחוֹלֵל וּמוֹלִיד צַדִּיק כַּבִּיר:

קהל: וּבְבִרְכָתִי תְנַעֲנַע לִי רֹאשׁ. וְאוֹתָהּ קַח לְךָ כִּבְשָׂמִים רֹאשׁ:

חזן: יֶעֱרַב נָא שִׂיחִי עָלֶיךָ. כִּי נַפְשִׁי תַעֲרוֹג אֵלֶיךָ:

לְךָ יְיָ הַגְּדֻלָּה וְהַגְּבוּרָה וְהַתִּפְאֶרֶת וְהַנֵּצַח וְהַהוֹד, כִּי כֹל בַּשָּׁמַיִם וּבָאָרֶץ, לְךָ יְיָ הַמַּמְלָכָה וְהַמִּתְנַשֵּׂא לְכֹל לְרֹאשׁ. מִי יְמַלֵּל גְּבוּרוֹת יְיָ, יַשְׁמִיעַ כָּל תְּהִלָּתוֹ:

סוגרין הארון

קדיש יתום - בסוף המחזור

קידושא רבה לראש השנה בעמוד 260

תפלת מנחה

אַשְׁרֵי יוֹשְׁבֵי בֵיתֶךָ, עוֹד יְהַלְלוּךָ סֶּלָה: אַשְׁרֵי הָעָם שֶׁכָּכָה לּוֹ, אַשְׁרֵי הָעָם שֶׁיְיָ אֱלֹהָיו: תְּהִלָּה לְדָוִד, אֲרוֹמִמְךָ אֱלוֹהַי הַמֶּלֶךְ, וַאֲבָרְכָה שִׁמְךָ לְעוֹלָם וָעֶד: בְּכָל יוֹם אֲבָרְכֶךָּ, וַאֲהַלְלָה שִׁמְךָ לְעוֹלָם וָעֶד: גָּדוֹל יְיָ וּמְהֻלָּל מְאֹד, וְלִגְדֻלָּתוֹ אֵין חֵקֶר: דּוֹר לְדוֹר יְשַׁבַּח מַעֲשֶׂיךָ, וּגְבוּרֹתֶיךָ יַגִּידוּ: הֲדַר כְּבוֹד הוֹדֶךָ, וְדִבְרֵי נִפְלְאֹתֶיךָ אָשִׂיחָה: וֶעֱזוּז נוֹרְאוֹתֶיךָ יֹאמֵרוּ וּגְדוּלָּתְךָ אֲסַפְּרֶנָּה: זֵכֶר רַב טוּבְךָ

יַבִּיעוּ, וְצִדְקָתְךָ יְרַנֵּנוּ: חַנּוּן וְרַחוּם
יְיָ, אֶרֶךְ אַפַּיִם וּגְדָל חָסֶד: טוֹב יְיָ
לַכֹּל, וְרַחֲמָיו עַל כָּל מַעֲשָׂיו:
יוֹדוּךָ יְיָ כָּל מַעֲשֶׂיךָ, וַחֲסִידֶיךָ
יְבָרְכוּכָה: כְּבוֹד מַלְכוּתְךָ יֹאמֵרוּ,
וּגְבוּרָתְךָ יְדַבֵּרוּ: לְהוֹדִיעַ לִבְנֵי
הָאָדָם גְּבוּרֹתָיו, וּכְבוֹד הֲדַר
מַלְכוּתוֹ: מַלְכוּתְךָ מַלְכוּת כָּל
עֹלָמִים, וּמֶמְשַׁלְתְּךָ בְּכָל דּוֹר וָדֹר:
סוֹמֵךְ יְיָ לְכָל הַנֹּפְלִים, וְזוֹקֵף לְכָל
הַכְּפוּפִים: עֵינֵי כֹל אֵלֶיךָ יְשַׂבֵּרוּ,
וְאַתָּה נוֹתֵן לָהֶם אֶת אָכְלָם
בְּעִתּוֹ: פּוֹתֵחַ אֶת יָדֶךָ, וּמַשְׂבִּיעַ

לְכָל חַי רָצוֹן: צַדִּיק יְיָ בְּכָל דְּרָכָיו, וְחָסִיד בְּכָל מַעֲשָׂיו: קָרוֹב יְיָ לְכָל קֹרְאָיו, לְכֹל אֲשֶׁר יִקְרָאֻהוּ בֶאֱמֶת: רְצוֹן יְרֵאָיו יַעֲשֶׂה, וְאֶת שַׁוְעָתָם יִשְׁמַע וְיוֹשִׁיעֵם: שׁוֹמֵר יְיָ אֶת כָּל אֹהֲבָיו, וְאֵת כָּל הָרְשָׁעִים יַשְׁמִיד: תְּהִלַּת יְיָ יְדַבֶּר פִּי, וִיבָרֵךְ כָּל בָּשָׂר שֵׁם קָדְשׁוֹ, לְעוֹלָם וָעֶד: וַאֲנַחְנוּ נְבָרֵךְ יָהּ, מֵעַתָּה וְעַד עוֹלָם, הַלְלוּיָהּ:

וּבָא לְצִיּוֹן גּוֹאֵל, וּלְשָׁבֵי פֶשַׁע בְּיַעֲקֹב, נְאֻם יְיָ: וַאֲנִי זֹאת בְּרִיתִי אֹתָם אָמַר יְיָ, רוּחִי אֲשֶׁר עָלֶיךָ,

וּדְבָרַי אֲשֶׁר שַׂמְתִּי בְּפִיךָ לֹא יָמוּשׁוּ מִפִּיךָ, וּמִפִּי זַרְעֲךָ, וּמִפִּי זֶרַע זַרְעֲךָ, אָמַר יְיָ, מֵעַתָּה וְעַד עוֹלָם: וְאַתָּה קָדוֹשׁ, יוֹשֵׁב תְּהִלּוֹת יִשְׂרָאֵל: וְקָרָא זֶה אֶל זֶה וְאָמַר, קָדוֹשׁ קָדוֹשׁ קָדוֹשׁ יְיָ צְבָאוֹת, מְלֹא כָל הָאָרֶץ כְּבוֹדוֹ: וּמְקַבְּלִין דֵּין מִן דֵּין, וְאָמְרִין קַדִּישׁ, בִּשְׁמֵי מְרוֹמָא עִלָּאָה בֵּית שְׁכִינְתֵּהּ, קַדִּישׁ עַל אַרְעָא עוֹבַד גְּבוּרְתֵּהּ, קַדִּישׁ לְעָלַם וּלְעָלְמֵי עָלְמַיָּא, יְיָ צְבָאוֹת מַלְיָא כָל אַרְעָא זִיו יְקָרֵהּ: וַתִּשָּׂאֵנִי רוּחַ, וָאֶשְׁמַע אַחֲרַי קוֹל רַעַשׁ גָּדוֹל, בָּרוּךְ כְּבוֹד יְיָ מִמְּקוֹמוֹ:

וּנְטָלַתְנִי רוּחָא, וְשִׁמְעֵת בַּתְרַי קָל זִיעַ סַגִּיא, דִּמְשַׁבְּחִין וְאָמְרִין, בְּרִיךְ יְקָרָא דַיְיָ מֵאֲתַר בֵּית שְׁכִינְתֵּהּ: יְיָ יִמְלֹךְ לְעֹלָם וָעֶד: יְיָ מַלְכוּתֵהּ קָאֵם לְעָלַם וּלְעָלְמֵי עָלְמַיָּא: יְיָ אֱלֹהֵי אַבְרָהָם יִצְחָק וְיִשְׂרָאֵל אֲבוֹתֵינוּ, שָׁמְרָה זֹּאת לְעוֹלָם, לְיֵצֶר מַחְשְׁבוֹת לְבַב עַמֶּךָ, וְהָכֵן לְבָבָם אֵלֶיךָ: וְהוּא רַחוּם, יְכַפֵּר עָוֹן וְלֹא יַשְׁחִית, וְהִרְבָּה לְהָשִׁיב אַפּוֹ וְלֹא יָעִיר כָּל חֲמָתוֹ: כִּי אַתָּה אֲדֹנָי טוֹב וְסַלָּח, וְרַב חֶסֶד, לְכָל קוֹרְאֶיךָ: צִדְקָתְךָ צֶדֶק לְעוֹלָם, וְתוֹרָתְךָ אֱמֶת: תִּתֵּן

אֱמֶת לְיַעֲקֹב, חֶסֶד לְאַבְרָהָם אֲשֶׁר נִשְׁבַּעְתָּ לַאֲבוֹתֵינוּ מִימֵי קֶדֶם: בָּרוּךְ אֲדֹנָי, יוֹם יוֹם יַעֲמָס לָנוּ, הָאֵל יְשׁוּעָתֵנוּ סֶלָה: יְיָ צְבָאוֹת עִמָּנוּ, מִשְׂגָּב לָנוּ, אֱלֹהֵי יַעֲקֹב סֶלָה: יְיָ צְבָאוֹת, אַשְׁרֵי אָדָם בֹּטֵחַ בָּךְ: יְיָ הוֹשִׁיעָה, הַמֶּלֶךְ יַעֲנֵנוּ בְיוֹם קָרְאֵנוּ: בָּרוּךְ הוּא אֱלֹהֵינוּ, שֶׁבְּרָאָנוּ לִכְבוֹדוֹ, וְהִבְדִּילָנוּ מִן הַתּוֹעִים, וְנָתַן לָנוּ תּוֹרַת אֱמֶת, וְחַיֵּי עוֹלָם נָטַע בְּתוֹכֵנוּ, הוּא יִפְתַּח לִבֵּנוּ בְּתוֹרָתוֹ וְיָשֵׂם בְּלִבֵּנוּ אַהֲבָתוֹ וְיִרְאָתוֹ, וְלַעֲשׂוֹת רְצוֹנוֹ וּלְעָבְדוֹ

בְּלֵבָב שָׁלֵם, לְמַעַן לֹא נִיגַע לָרִיק, וְלֹא נֵלֵד לַבֶּהָלָה: יְהִי רָצוֹן מִלְּפָנֶיךָ, יְיָ אֱלֹהֵינוּ וֵאלֹהֵי אֲבוֹתֵינוּ, שֶׁנִּשְׁמֹר חֻקֶּיךָ בָּעוֹלָם הַזֶּה, וְנִזְכֶּה וְנִחְיֶה וְנִרְאֶה, וְנִירַשׁ טוֹבָה וּבְרָכָה, לִשְׁנֵי יְמוֹת הַמָּשִׁיחַ, וּלְחַיֵּי הָעוֹלָם הַבָּא: לְמַעַן יְזַמֶּרְךָ כָבוֹד וְלֹא יִדֹּם, יְיָ אֱלֹהַי לְעוֹלָם אוֹדֶךָּ: בָּרוּךְ הַגֶּבֶר אֲשֶׁר יִבְטַח בַּייָ, וְהָיָה יְיָ מִבְטַחוֹ: בִּטְחוּ בַייָ עֲדֵי עַד, כִּי בְּיָהּ יְיָ צוּר עוֹלָמִים: וְיִבְטְחוּ בְךָ יוֹדְעֵי שְׁמֶךָ, כִּי לֹא עָזַבְתָּ דּוֹרְשֶׁיךָ יְיָ: יְיָ חָפֵץ לְמַעַן צִדְקוֹ, יַגְדִּיל תּוֹרָה וְיַאְדִּיר:

חצי קדיש - בסוף המחזור

קריאת התורה לשבת

וַאֲנִי תְפִלָּתִי לְךָ יְיָ עֵת רָצוֹן, אֱלֹהִים בְּרָב חַסְדֶּךָ, עֲנֵנִי בֶּאֱמֶת יִשְׁעֶךָ:

הוצאת ספר תורה

כשפותחין ארון הקודש אומרים זה:

וַיְהִי בִּנְסֹעַ הָאָרֹן וַיֹּאמֶר מֹשֶׁה: קוּמָה יְיָ, וְיָפֻצוּ אֹיְבֶיךָ, וְיָנֻסוּ מְשַׂנְאֶיךָ מִפָּנֶיךָ: כִּי מִצִּיּוֹן תֵּצֵא תוֹרָה, וּדְבַר יְיָ מִירוּשָׁלָיִם: בָּרוּךְ שֶׁנָּתַן תּוֹרָה לְעַמּוֹ יִשְׂרָאֵל בִּקְדֻשָּׁתוֹ:

בְּרִיךְ שְׁמֵהּ דְּמָרֵא עָלְמָא. בְּרִיךְ כִּתְרָךְ וְאַתְרָךְ. יְהֵא רְעוּתָךְ עִם עַמָּךְ יִשְׂרָאֵל לְעָלַם, וּפֻרְקַן יְמִינָךְ אַחֲזֵי

לְעַמָּךְ בְּבֵית מַקְדְּשָׁךְ וּלְאַמְטוּיֵי לָנָא מִטּוּב נְהוֹרָךְ, וּלְקַבֵּל צְלוֹתָנָא בְּרַחֲמִין. יְהֵא רַעֲוָא קֳדָמָךְ דְּתוֹרִיךְ לָן חַיִּין בְּטִיבוּתָא. וְלֶהֱוֵי אֲנָא פְּקִידָא בְּגוֹ צַדִּיקַיָּא. לְמִרְחַם עָלַי וּלְמִנְטַר יָתִי, וְיַת כָּל דִּי לִי וְדִי לְעַמָּךְ יִשְׂרָאֵל. אַנְתְּ הוּא זָן לְכֹלָּא, וּמְפַרְנֵס לְכֹלָּא. אַנְתְּ הוּא שַׁלִּיט עַל כֹּלָּא, אַנְתְּ הוּא דְּשַׁלִּיט עַל מַלְכַיָּא, וּמַלְכוּתָא דִּילָךְ הִיא. אֲנָא עַבְדָּא דְּקֻדְשָׁא בְּרִיךְ הוּא דְּסָגִידְנָא קַמֵּהּ וּמִקַּמָּא דִּיקַר אוֹרַיְתֵהּ בְּכָל עִדָּן וְעִדָּן. לָא עַל אֱנָשׁ רָחִיצְנָא. וְלָא עַל בַּר אֱלָהִין סָמִיכְנָא. אֶלָּא בֶּאֱלָהָא דִשְׁמַיָּא דְּהוּא אֱלָהָא קְשׁוֹט.

וְאוֹרַיְתֵהּ קְשׁוֹט. וּנְבִיאוֹהִי קְשׁוֹט. וּמַסְגֵּא לְמֶעְבַּד טַבְוָן וּקְשׁוֹט. בֵּהּ אֲנָא רָחִיץ. וְלִשְׁמֵהּ קַדִּישָׁא יַקִּירָא אֲנָא אֵמַר תֻּשְׁבְּחָן. יְהֵא רַעֲוָא קֳדָמָךְ דְּתִפְתַּח לִבָּאִי בְּאוֹרַיְתָא וְתַשְׁלִים מִשְׁאֲלִין דְּלִבָּאִי. וְלִבָּא דְכָל עַמָּךְ יִשְׂרָאֵל. לְטַב וּלְחַיִּין וְלִשְׁלָם: אמן

גַּדְּלוּ לַיְיָ אִתִּי, וּנְרוֹמְמָה שְׁמוֹ יַחְדָּו:

קהל: לְךָ יְיָ הַגְּדֻלָּה וְהַגְּבוּרָה וְהַתִּפְאֶרֶת וְהַנֵּצַח וְהַהוֹד, כִּי כֹל בַּשָּׁמַיִם וּבָאָרֶץ: לְךָ יְיָ הַמַּמְלָכָה וְהַמִּתְנַשֵּׂא לְכֹל לְרֹאשׁ: רוֹמְמוּ יְיָ אֱלֹהֵינוּ וְהִשְׁתַּחֲווּ לַהֲדוֹם רַגְלָיו קָדוֹשׁ הוּא: רוֹמְמוּ יְיָ אֱלֹהֵינוּ, וְהִשְׁתַּחֲווּ לְהַר קָדְשׁוֹ, כִּי קָדוֹשׁ יְיָ אֱלֹהֵינוּ:

אַב הָרַחֲמִים, הוּא יְרַחֵם עַם עֲמוּסִים, וְיִזְכֹּר בְּרִית אֵיתָנִים, וְיַצִּיל נַפְשׁוֹתֵינוּ מִן הַשָּׁעוֹת הָרָעוֹת, וְיִגְעַר בְּיֵצֶר הָרָע מִן הַנְּשׂוּאִים, וְיָחֹן אוֹתָנוּ לִפְלֵיטַת עוֹלָמִים, וִימַלֵּא מִשְׁאֲלוֹתֵינוּ בְּמִדָּה טוֹבָה, יְשׁוּעָה וְרַחֲמִים:

וְתִגָּלֶה וְתֵרָאֶה מַלְכוּתוֹ עָלֵינוּ בִּזְמַן קָרוֹב, וְיָחֹן פְּלֵטָתֵנוּ וּפְלֵטַת עַמּוֹ בֵּית יִשְׂרָאֵל לְחֵן וּלְחֶסֶד וּלְרַחֲמִים וּלְרָצוֹן וְנֹאמַר אָמֵן. הַכֹּל הָבוּ גֹדֶל לֵאלֹהֵינוּ וּתְנוּ כָבוֹד לַתּוֹרָה, כֹּהֵן קְרָב יַעֲמֹד (פב"פ) הַכֹּהֵן, בָּרוּךְ שֶׁנָּתַן תּוֹרָה לְעַמּוֹ יִשְׂרָאֵל בִּקְדֻשָּׁתוֹ:

קהל: וְאַתֶּם הַדְּבֵקִים בַּיְיָ אֱלֹהֵיכֶם, חַיִּים כֻּלְּכֶם הַיּוֹם:

ברכות התורה

בָּרְכוּ אֶת יְיָ הַמְבֹרָךְ:

בָּרוּךְ יְיָ הַמְבֹרָךְ לְעוֹלָם וָעֶד:

בָּרוּךְ אַתָּה יְיָ אֱלֹהֵינוּ מֶלֶךְ הָעוֹלָם, אֲשֶׁר בָּחַר בָּנוּ מִכָּל הָעַמִּים וְנָתַן לָנוּ אֶת תּוֹרָתוֹ: בָּרוּךְ אַתָּה יְיָ, נוֹתֵן הַתּוֹרָה:

אחר הקריאה יברך:

בָּרוּךְ אַתָּה יְיָ אֱלֹהֵינוּ מֶלֶךְ הָעוֹלָם, אֲשֶׁר נָתַן לָנוּ תּוֹרַת אֱמֶת, וְחַיֵּי עוֹלָם נָטַע בְּתוֹכֵנוּ: בָּרוּךְ אַתָּה יְיָ, נוֹתֵן הַתּוֹרָה:

פרשת האזינו

א הַאֲזִינוּ הַשָּׁמַיִם וַאֲדַבֵּרָה, וְתִשְׁמַע הָאָרֶץ
אִמְרֵי פִי: ב יַעֲרֹף כַּמָּטָר לִקְחִי תִּזַּל כַּטַּל
אִמְרָתִי, כִּשְׂעִירִם עֲלֵי דֶשֶׁא וְכִרְבִיבִים עֲלֵי
עֵשֶׂב: ג כִּי שֵׁם יְהוָֹה אֶקְרָא, הָבוּ גֹדֶל
לֵאלֹהֵינוּ: (לוי) ד הַצּוּר תָּמִים פָּעֳלוֹ כִּי כָל
דְּרָכָיו מִשְׁפָּט, אֵל אֱמוּנָה וְאֵין עָוֶל צַדִּיק
וְיָשָׁר הוּא: ה שִׁחֵת לוֹ לֹא בָּנָיו מוּמָם, דּוֹר
עִקֵּשׁ וּפְתַלְתֹּל: ו הַ לַיהוָֹה תִּגְמְלוּ זֹאת עַם
נָבָל וְלֹא חָכָם, הֲלוֹא הוּא אָבִיךָ קָּנֶךָ הוּא
עָשְׂךָ וַיְכֹנְנֶךָ: (שלישי) ז זְכֹר יְמוֹת עוֹלָם בִּינוּ
שְׁנוֹת דֹּר וָדֹר, שְׁאַל אָבִיךָ וְיַגֵּדְךָ זְקֵנֶיךָ וְיֹאמְרוּ
לָךְ: ח בְּהַנְחֵל עֶלְיוֹן גּוֹיִם בְּהַפְרִידוֹ בְּנֵי אָדָם,
יַצֵּב גְּבֻלֹת עַמִּים לְמִסְפַּר בְּנֵי יִשְׂרָאֵל: ט כִּי
חֵלֶק יְהוָֹה עַמּוֹ, יַעֲקֹב חֶבֶל נַחֲלָתוֹ: י יִמְצָאֵהוּ
בְּאֶרֶץ מִדְבָּר וּבְתֹהוּ יְלֵל יְשִׁמֹן, יְסֹבְבֶנְהוּ
יְבוֹנְנֵהוּ יִצְּרֶנְהוּ כְּאִישׁוֹן עֵינוֹ: יא כְּנֶשֶׁר יָעִיר
קִנּוֹ עַל גּוֹזָלָיו יְרַחֵף, יִפְרֹשׂ כְּנָפָיו יִקָּחֵהוּ

יְשָׁאֵהוּ עַל אֶבְרָתוֹ: יב יְהוָה בָּדָד יַנְחֶנּוּ, וְאֵין עִמּוֹ אֵל נֵכָר:

הגבהה

וְזֹאת הַתּוֹרָה אֲשֶׁר שָׂם מֹשֶׁה לִפְנֵי בְּנֵי יִשְׂרָאֵל, עַל פִּי יְיָ בְּיַד מֹשֶׁה:

עֵץ חַיִּים הִיא לַמַּחֲזִיקִים בָּהּ, וְתוֹמְכֶיהָ מְאֻשָּׁר: דְּרָכֶיהָ דַרְכֵי נֹעַם, וְכָל נְתִיבוֹתֶיהָ שָׁלוֹם: אֹרֶךְ יָמִים בִּימִינָהּ בִּשְׂמֹאלָהּ עוֹשֶׁר וְכָבוֹד: יְיָ חָפֵץ לְמַעַן צִדְקוֹ יַגְדִּיל תּוֹרָה וְיַאְדִּיר:

סדר הכנסת ספר תורה

יְהַלְלוּ אֶת שֵׁם יְיָ, כִּי נִשְׂגָּב שְׁמוֹ לְבַדּוֹ:

הוֹדוֹ עַל אֶרֶץ וְשָׁמָיִם. וַיָּרֶם קֶרֶן לְעַמּוֹ, תְּהִלָּה לְכָל חֲסִידָיו, לִבְנֵי יִשְׂרָאֵל עַם קְרוֹבוֹ, הַלְלוּיָהּ:

לְדָוִד מִזְמוֹר, לַיְיָ הָאָרֶץ וּמְלוֹאָהּ, תֵּבֵל וְיֹשְׁבֵי בָהּ: כִּי הוּא עַל יַמִּים יְסָדָהּ, וְעַל נְהָרוֹת יְכוֹנְנֶהָ: מִי יַעֲלֶה בְהַר יְיָ, וּמִי יָקוּם בִּמְקוֹם קָדְשׁוֹ: נְקִי כַפַּיִם וּבַר לֵבָב, אֲשֶׁר לֹא נָשָׂא לַשָּׁוְא נַפְשִׁי, וְלֹא נִשְׁבַּע לְמִרְמָה: יִשָּׂא בְרָכָה מֵאֵת יְיָ, וּצְדָקָה מֵאֱלֹהֵי יִשְׁעוֹ: זֶה דּוֹר דֹּרְשָׁיו, מְבַקְשֵׁי פָנֶיךָ יַעֲקֹב סֶלָה: שְׂאוּ שְׁעָרִים רָאשֵׁיכֶם, וְהִנָּשְׂאוּ פִּתְחֵי עוֹלָם, וְיָבוֹא מֶלֶךְ הַכָּבוֹד: מִי זֶה מֶלֶךְ הַכָּבוֹד, יְיָ עִזּוּז וְגִבּוֹר יְיָ גִּבּוֹר

מִלְחָמָה: שְׂאוּ שְׁעָרִים רָאשֵׁיכֶם, וּשְׂאוּ פִּתְחֵי עוֹלָם, וְיָבוֹא מֶלֶךְ הַכָּבוֹד: מִי הוּא זֶה מֶלֶךְ הַכָּבוֹד, יְיָ צְבָאוֹת, הוּא מֶלֶךְ הַכָּבוֹד סֶלָה:

וּבְנֻחֹה יֹאמַר שׁוּבָה יְיָ, רִבְבוֹת אַלְפֵי יִשְׂרָאֵל: קוּמָה יְיָ לִמְנוּחָתֶךָ, אַתָּה וַאֲרוֹן עֻזֶּךָ: כֹּהֲנֶיךָ יִלְבְּשׁוּ צֶדֶק וַחֲסִידֶיךָ יְרַנֵּנוּ: בַּעֲבוּר דָּוִד עַבְדֶּךָ, אַל תָּשֵׁב פְּנֵי מְשִׁיחֶךָ: כִּי לֶקַח טוֹב נָתַתִּי לָכֶם תּוֹרָתִי אַל תַּעֲזֹבוּ: עֵץ חַיִּים הִיא לַמַּחֲזִיקִים בָּהּ, וְתֹמְכֶיהָ מְאֻשָּׁר: דְּרָכֶיהָ דַרְכֵי נֹעַם, וְכָל נְתִיבוֹתֶיהָ שָׁלוֹם: הֲשִׁיבֵנוּ יְיָ, אֵלֶיךָ וְנָשׁוּבָה, חַדֵּשׁ יָמֵינוּ כְּקֶדֶם:

חצי קדיש - בסוף המחזור

כִּי שֵׁם יְיָ אֶקְרָא, הָבוּ גֹדֶל לֵאלֹהֵינוּ:
אֲדֹנָי שְׂפָתַי תִּפְתָּח וּפִי יַגִּיד תְּהִלָּתֶךָ:
בָּרוּךְ אַתָּה יְיָ אֱלֹהֵינוּ וֵאלֹהֵי אֲבוֹתֵינוּ, אֱלֹהֵי אַבְרָהָם, אֱלֹהֵי יִצְחָק, וֵאלֹהֵי יַעֲקֹב. הָאֵל הַגָּדוֹל הַגִּבּוֹר וְהַנּוֹרָא, אֵל עֶלְיוֹן, גּוֹמֵל חֲסָדִים טוֹבִים, וְקוֹנֵה הַכֹּל, וְזוֹכֵר חַסְדֵי אָבוֹת, וּמֵבִיא גוֹאֵל לִבְנֵי בְנֵיהֶם לְמַעַן שְׁמוֹ בְּאַהֲבָה:
זָכְרֵנוּ לְחַיִּים, מֶלֶךְ חָפֵץ בַּחַיִּים, וְכָתְבֵנוּ בְּסֵפֶר הַחַיִּים, לְמַעַנְךָ אֱלֹהִים חַיִּים:

מֶלֶךְ עוֹזֵר וּמוֹשִׁיעַ וּמָגֵן. בָּרוּךְ אַתָּה יְיָ, מָגֵן אַבְרָהָם:

אַתָּה גִּבּוֹר לְעוֹלָם אֲדֹנָי, מְחַיֵּה מֵתִים אַתָּה, רַב לְהוֹשִׁיעַ:

מְכַלְכֵּל חַיִּים בְּחֶסֶד, מְחַיֵּה מֵתִים בְּרַחֲמִים רַבִּים, סוֹמֵךְ נוֹפְלִים, וְרוֹפֵא חוֹלִים, וּמַתִּיר אֲסוּרִים, וּמְקַיֵּם אֱמוּנָתוֹ לִישֵׁנֵי עָפָר. מִי כָמוֹךָ בַּעַל גְּבוּרוֹת

וּמִי דּוֹמֶה לָּךְ, מֶלֶךְ מֵמִית וּמְחַיֶּה וּמַצְמִיחַ יְשׁוּעָה:

מִי כָמוֹךָ אַב הָרַחֲמִים, זוֹכֵר יְצוּרָיו לְחַיִּים בְּרַחֲמִים:

וְנֶאֱמָן אַתָּה לְהַחֲיוֹת מֵתִים. בָּרוּךְ אַתָּה יְיָ, מְחַיֵּה הַמֵּתִים:

בחזרת הש״ץ אומרים כאן קדושה:

נְקַדֵּשׁ אֶת שִׁמְךָ בָּעוֹלָם, כְּשֵׁם שֶׁמַּקְדִּישִׁים אוֹתוֹ בִּשְׁמֵי מָרוֹם, כַּכָּתוּב עַל יַד נְבִיאֶךָ, וְקָרָא זֶה אֶל זֶה וְאָמַר: קו״ח: קָדוֹשׁ קָדוֹשׁ קָדוֹשׁ יְיָ צְבָאוֹת, מְלֹא כָל הָאָרֶץ כְּבוֹדוֹ: חזן: לְעֻמָּתָם בָּרוּךְ יֹאמֵרוּ: קו״ח: בָּרוּךְ

אַתָּה קָדוֹשׁ וְשִׁמְךָ קָדוֹשׁ וּקְדוֹשִׁים בְּכָל יוֹם יְהַלְלוּךָ, סֶּלָה:

וּבְכֵן תֵּן פַּחְדְּךָ יְיָ אֱלֹהֵינוּ, עַל כָּל מַעֲשֶׂיךָ, וְאֵימָתְךָ עַל כָּל

כְּבוֹד יְיָ, מִמְּקוֹמוֹ: חזן: וּבְדִבְרֵי קָדְשְׁךָ כָּתוּב לֵאמֹר: קו״ח: יִמְלֹךְ יְיָ לְעוֹלָם, אֱלֹהַיִךְ צִיּוֹן לְדֹר וָדֹר, הַלְלוּיָהּ:

לש״ץ: לְדוֹר וָדוֹר נַגִּיד גָּדְלֶךָ וּלְנֵצַח נְצָחִים קְדֻשָּׁתְךָ נַקְדִּישׁ, וְשִׁבְחֲךָ אֱלֹהֵינוּ מִפִּינוּ לֹא יָמוּשׁ לְעוֹלָם וָעֶד, כִּי אֵל מֶלֶךְ גָּדוֹל וְקָדוֹשׁ אָתָּה:

ובכן תן פחדך

מַה שֶׁבָּרָאתָ, וְיִירָאוּךָ כָּל הַמַּעֲשִׂים וְיִשְׁתַּחֲווּ לְפָנֶיךָ כָּל הַבְּרוּאִים, וְיֵעָשׂוּ כֻלָּם אֲגֻדָּה אַחַת לַעֲשׂוֹת רְצוֹנְךָ בְּלֵבָב שָׁלֵם, כְּמוֹ שֶׁיָּדַעְנוּ יְיָ אֱלֹהֵינוּ, שֶׁהַשָּׁלְטָן לְפָנֶיךָ, עֹז בְּיָדְךָ וּגְבוּרָה בִּימִינֶךָ, וְשִׁמְךָ נוֹרָא עַל כָּל מַה שֶׁבָּרָאתָ:

וּבְכֵן תֵּן כָּבוֹד, יְיָ לְעַמֶּךָ, תְּהִלָּה לִירֵאֶיךָ וְתִקְוָה טוֹבָה לְדוֹרְשֶׁיךָ, וּפִתְחוֹן פֶּה לַמְיַחֲלִים

לָךְ, שִׂמְחָה לְאַרְצֶךָ וְשָׂשׂוֹן לְעִירֶךָ, וּצְמִיחַת קֶרֶן לְדָוִד עַבְדֶּךָ, וַעֲרִיכַת נֵר לְבֶן יִשַׁי מְשִׁיחֶךָ, בִּמְהֵרָה בְיָמֵינוּ:

וּבְכֵן צַדִּיקִים יִרְאוּ וְיִשְׂמָחוּ, וִישָׁרִים יַעֲלֹזוּ, וַחֲסִידִים בְּרִנָּה יָגִילוּ, וְעוֹלָתָה תִּקְפָּץ פִּיהָ, וְכָל הָרִשְׁעָה כֻּלָּהּ כֶּעָשָׁן תִּכְלֶה, כִּי תַעֲבִיר מֶמְשֶׁלֶת זָדוֹן מִן הָאָרֶץ:

וְתִמְלוֹךְ, אַתָּה יְיָ לְבַדֶּךָ, עַל כָּל מַעֲשֶׂיךָ, בְּהַר צִיּוֹן מִשְׁכַּן

כְּבוֹדֶךָ, וּבִירוּשָׁלַיִם עִיר קָדְשֶׁךָ, כַּכָּתוּב בְּדִבְרֵי קָדְשֶׁךָ, יִמְלֹךְ יְיָ לְעוֹלָם, אֱלֹהַיִךְ צִיּוֹן לְדֹר וָדֹר, הַלְלוּיָהּ:

קָדוֹשׁ אַתָּה וְנוֹרָא שְׁמֶךָ, וְאֵין אֱלוֹהַ מִבַּלְעָדֶיךָ, כַּכָּתוּב, וַיִּגְבַּהּ יְיָ צְבָאוֹת בַּמִּשְׁפָּט, וְהָאֵל הַקָּדוֹשׁ נִקְדַּשׁ בִּצְדָקָה. בָּרוּךְ אַתָּה יְיָ, הַמֶּלֶךְ הַקָּדוֹשׁ:

אַתָּה בְחַרְתָּנוּ מִכָּל הָעַמִּים, אָהַבְתָּ אוֹתָנוּ וְרָצִיתָ בָּנוּ,

וְרוֹמַמְתָּנוּ מִכָּל הַלְּשׁוֹנוֹת, וְקִדַּשְׁתָּנוּ בְּמִצְוֹתֶיךָ, וְקֵרַבְתָּנוּ מַלְכֵּנוּ לַעֲבוֹדָתֶךָ, וְשִׁמְךָ הַגָּדוֹל וְהַקָּדוֹשׁ עָלֵינוּ קָרָאתָ:

וַתִּתֶּן לָנוּ, יְיָ אֱלֹהֵינוּ, בְּאַהֲבָה אֶת יוֹם (לשבת: הַשַּׁבָּת הַזֶּה וְאֶת יוֹם) הַזִּכָּרוֹן הַזֶּה, יוֹם (לשבת: זִכְרוֹן) תְּרוּעָה (לשבת: בְּאַהֲבָה) מִקְרָא קֹדֶשׁ, זֵכֶר לִיצִיאַת מִצְרָיִם:

אֱלֹהֵינוּ וֵאלֹהֵי אֲבוֹתֵינוּ, יַעֲלֶה וְיָבֹא, וְיַגִּיעַ וְיֵרָאֶה, וְיֵרָצֶה

וְיִשָּׁמַע, וְיִפָּקֵד וְיִזָּכֵר זִכְרוֹנֵנוּ וּפִקְדוֹנֵנוּ, וְזִכְרוֹן אֲבוֹתֵינוּ, וְזִכְרוֹן מָשִׁיחַ בֶּן דָּוִד עַבְדֶּךָ, וְזִכְרוֹן יְרוּשָׁלַיִם עִיר קָדְשֶׁךָ, וְזִכְרוֹן כָּל עַמְּךָ בֵּית יִשְׂרָאֵל לְפָנֶיךָ לִפְלֵיטָה לְטוֹבָה, לְחֵן וּלְחֶסֶד וּלְרַחֲמִים לְחַיִּים וּלְשָׁלוֹם, בְּיוֹם הַזִּכָּרוֹן הַזֶּה. זָכְרֵנוּ יְיָ אֱלֹהֵינוּ בּוֹ לְטוֹבָה, וּפָקְדֵנוּ בוֹ לִבְרָכָה, וְהוֹשִׁיעֵנוּ בוֹ לְחַיִּים, וּבִדְבַר יְשׁוּעָה וְרַחֲמִים חוּס וְחָנֵּנוּ, וְרַחֵם

עָלֵינוּ וְהוֹשִׁיעֵנוּ, כִּי אֵלֶיךָ עֵינֵינוּ, כִּי אֵל מֶלֶךְ חַנּוּן וְרַחוּם אָתָּה:

אֱלֹהֵינוּ וֵאלֹהֵי אֲבוֹתֵינוּ, מְלוֹךְ עַל כָּל הָעוֹלָם כֻּלּוֹ בִּכְבוֹדֶךָ, וְהִנָּשֵׂא עַל כָּל הָאָרֶץ בִּיקָרֶךָ, וְהוֹפַע בַּהֲדַר גְּאוֹן עֻזֶּךָ, עַל כָּל יוֹשְׁבֵי תֵבֵל אַרְצֶךָ, וְיֵדַע כָּל פָּעוּל כִּי אַתָּה פְעַלְתּוֹ, וְיָבִין כָּל יְצוּר כִּי אַתָּה יְצַרְתּוֹ, וְיֹאמַר כֹּל אֲשֶׁר

נְשָׁמָה בְּאַפּוֹ, יְיָ אֱלֹהֵי יִשְׂרָאֵל מֶלֶךְ, וּמַלְכוּתוֹ בַּכֹּל מָשָׁלָה. (לשבת: אֱלֹהֵינוּ וֵאלֹהֵי אֲבוֹתֵינוּ, רְצֵה בִמְנוּחָתֵנוּ) קַדְּשֵׁנוּ בְּמִצְוֹתֶיךָ וְתֵן חֶלְקֵנוּ בְּתוֹרָתֶךָ, שַׂבְּעֵנוּ מִטּוּבֶךָ וְשַׂמְּחֵנוּ בִּישׁוּעָתֶךָ (לשבת: וְהַנְחִילֵנוּ, יְיָ אֱלֹהֵינוּ, בְּאַהֲבָה וּבְרָצוֹן שַׁבַּת קָדְשֶׁךָ, וְיָנוּחוּ בָהּ יִשְׂרָאֵל מְקַדְּשֵׁי שְׁמֶךָ) וְטַהֵר לִבֵּנוּ לְעָבְדְּךָ בֶּאֱמֶת, כִּי אַתָּה אֱלֹהִים אֱמֶת, וּדְבָרְךָ אֱמֶת וְקַיָּם לָעַד. בָּרוּךְ אַתָּה יְיָ, מֶלֶךְ עַל כָּל הָאָרֶץ,

מְקַדֵּשׁ (לשבת: הַשַּׁבָּת וְ)יִשְׂרָאֵל וְיוֹם הַזִּכָּרוֹן:

רְצֵה יְיָ אֱלֹהֵינוּ, בְּעַמְּךָ יִשְׂרָאֵל וּבִתְפִלָּתָם, וְהָשֵׁב אֶת הָעֲבוֹדָה לִדְבִיר בֵּיתֶךָ, וְאִשֵּׁי יִשְׂרָאֵל, וּתְפִלָּתָם בְּאַהֲבָה תְקַבֵּל בְּרָצוֹן, וּתְהִי לְרָצוֹן תָּמִיד עֲבוֹדַת יִשְׂרָאֵל עַמֶּךָ:

וְתֶחֱזֶינָה עֵינֵינוּ בְּשׁוּבְךָ לְצִיּוֹן בְּרַחֲמִים. בָּרוּךְ אַתָּה יְיָ, הַמַּחֲזִיר שְׁכִינָתוֹ לְצִיּוֹן:

מוֹדִים אֲנַחְנוּ לָךְ, שָׁאַתָּה הוּא יְיָ אֱלֹהֵינוּ וֵאלֹהֵי אֲבוֹתֵינוּ לְעוֹלָם וָעֶד, צוּר חַיֵּינוּ, מָגֵן יִשְׁעֵנוּ, אַתָּה הוּא לְדוֹר וָדוֹר נוֹדֶה לְּךָ וּנְסַפֵּר תְּהִלָּתֶךָ. עַל חַיֵּינוּ הַמְּסוּרִים בְּיָדֶךָ, וְעַל נִשְׁמוֹתֵינוּ הַפְּקוּדוֹת לָךְ, וְעַל נִסֶּיךָ שֶׁבְּכָל יוֹם עִמָּנוּ, וְעַל נִפְלְאוֹתֶיךָ וְטוֹבוֹתֶיךָ שֶׁבְּכָל עֵת, עֶרֶב וָבֹקֶר וְצָהֳרָיִם, הַטּוֹב כִּי לֹא כָלוּ רַחֲמֶיךָ, וְהַמְרַחֵם

כִּי לֹא תַמּוּ חֲסָדֶיךָ מֵעוֹלָם קִוִּינוּ לָךְ:

וְעַל כֻּלָּם יִתְבָּרַךְ וְיִתְרוֹמַם שִׁמְךָ מַלְכֵּנוּ תָּמִיד לְעוֹלָם וָעֶד:

וּכְתוֹב לְחַיִּים טוֹבִים כָּל בְּנֵי בְרִיתֶךָ:

וְכֹל הַחַיִּים יוֹדוּךָ סֶּלָה, וִיהַלְלוּ אֶת שִׁמְךָ בֶּאֱמֶת, הָאֵל יְשׁוּעָתֵנוּ וְעֶזְרָתֵנוּ סֶלָה. בָּרוּךְ אַתָּה יְיָ, הַטּוֹב שִׁמְךָ וּלְךָ נָאֶה לְהוֹדוֹת:

שָׁלוֹם רָב עַל יִשְׂרָאֵל עַמְּךָ תָּשִׂים לְעוֹלָם, כִּי אַתָּה הוּא מֶלֶךְ אָדוֹן לְכָל הַשָּׁלוֹם. וְטוֹב בְּעֵינֶיךָ לְבָרֵךְ אֶת עַמְּךָ יִשְׂרָאֵל, בְּכָל עֵת וּבְכָל שָׁעָה בִּשְׁלוֹמֶךָ:

בְּסֵפֶר חַיִּים, בְּרָכָה וְשָׁלוֹם וּפַרְנָסָה טוֹבָה, נִזָּכֵר וְנִכָּתֵב לְפָנֶיךָ, אֲנַחְנוּ וְכָל עַמְּךָ בֵּית יִשְׂרָאֵל, לְחַיִּים טוֹבִים וּלְשָׁלוֹם:

בָּרוּךְ אַתָּה יְיָ, עוֹשֶׂה הַשָּׁלוֹם:

יִהְיוּ לְרָצוֹן אִמְרֵי פִי וְהֶגְיוֹן לִבִּי לְפָנֶיךָ, יְיָ צוּרִי וְגוֹאֲלִי:

אֱלֹהַי, נְצוֹר לְשׁוֹנִי מֵרָע. וּשְׂפָתַי מִדַּבֵּר מִרְמָה: וְלִמְקַלְלַי נַפְשִׁי תִדּוֹם, וְנַפְשִׁי כֶּעָפָר לַכֹּל תִּהְיֶה. פְּתַח לִבִּי בְּתוֹרָתֶךָ, וּבְמִצְוֹתֶיךָ תִּרְדּוֹף נַפְשִׁי. וְכָל הַחוֹשְׁבִים עָלַי רָעָה, מְהֵרָה הָפֵר עֲצָתָם וְקַלְקֵל מַחֲשַׁבְתָּם. עֲשֵׂה לְמַעַן שְׁמֶךָ, עֲשֵׂה לְמַעַן יְמִינֶךָ, עֲשֵׂה לְמַעַן קְדֻשָּׁתֶךָ. עֲשֵׂה לְמַעַן תּוֹרָתֶךָ. לְמַעַן

לְמַעַן יֵחָלְצוּן יְדִידֶיךָ, הוֹשִׁיעָה יְמִינְךָ וַעֲנֵנִי. יִהְיוּ לְרָצוֹן אִמְרֵי פִי וְהֶגְיוֹן לִבִּי לְפָנֶיךָ, יְיָ צוּרִי וְגוֹאֲלִי. עֹשֶׂה שָׁלוֹם בִּמְרוֹמָיו, הוּא יַעֲשֶׂה שָׁלוֹם עָלֵינוּ, וְעַל כָּל יִשְׂרָאֵל וְאִמְרוּ אָמֵן:

יְהִי רָצוֹן מִלְּפָנֶיךָ, יְיָ אֱלֹהֵינוּ וֵאלֹהֵי אֲבוֹתֵינוּ, שֶׁיִּבָּנֶה בֵּית הַמִּקְדָּשׁ בִּמְהֵרָה בְיָמֵינוּ, וְתֵן חֶלְקֵנוּ בְּתוֹרָתֶךָ, וְשָׁם נַעֲבָדְךָ בְּיִרְאָה כִּימֵי עוֹלָם וּכְשָׁנִים קַדְמוֹנִיּוֹת. וְעָרְבָה לַייָ מִנְחַת יְהוּדָה וִירוּשָׁלָיִם כִּימֵי עוֹלָם וּכְשָׁנִים קַדְמוֹנִיּוֹת:

פותחין הארון

בשבת אין אומרים "אבינו מלכנו"

אָבִינוּ מַלְכֵּנוּ חָטָאנוּ לְפָנֶיךָ:
אָבִינוּ מַלְכֵּנוּ אֵין לָנוּ מֶלֶךְ אֶלָּא אָתָּה:
אָבִינוּ מַלְכֵּנוּ עֲשֵׂה עִמָּנוּ לְמַעַן שְׁמֶךָ:
אָבִינוּ מַלְכֵּנוּ חַדֵּשׁ עָלֵינוּ שָׁנָה טוֹבָה:
אָבִינוּ מַלְכֵּנוּ בַּטֵּל מֵעָלֵינוּ כָּל גְּזֵרוֹת קָשׁוֹת:
אָבִינוּ מַלְכֵּנוּ בַּטֵּל מַחְשְׁבוֹת שׂוֹנְאֵינוּ:
אָבִינוּ מַלְכֵּנוּ הָפֵר עֲצַת אוֹיְבֵינוּ:
אָבִינוּ מַלְכֵּנוּ כַּלֵּה כָּל צַר וּמַשְׂטִין מֵעָלֵינוּ:

אָבִינוּ מַלְכֵּנוּ סְתוֹם פִּיּוֹת מַשְׂטִינֵנוּ וּמְקַטְרִיגֵנוּ:

אָבִינוּ מַלְכֵּנוּ כַּלֵּה דֶּבֶר וְחֶרֶב וְרָעָב וּשְׁבִי וּמַשְׁחִית וְעָוֹן וּשְׁמַד מִבְּנֵי בְרִיתֶךָ:

אָבִינוּ מַלְכֵּנוּ מְנַע מַגֵּפָה מִנַּחֲלָתֶךָ:

אָבִינוּ מַלְכֵּנוּ סְלַח וּמְחַל לְכָל עֲוֹנוֹתֵינוּ:

אָבִינוּ מַלְכֵּנוּ מְחֵה וְהַעֲבֵר פְּשָׁעֵינוּ וְחַטֹּאתֵינוּ מִנֶּגֶד עֵינֶיךָ:

אָבִינוּ מַלְכֵּנוּ מְחוֹק בְּרַחֲמֶיךָ הָרַבִּים כָּל שִׁטְרֵי חוֹבוֹתֵינוּ:

אָבִינוּ מַלְכֵּנוּ הַחֲזִירֵנוּ בִּתְשׁוּבָה שְׁלֵמָה לְפָנֶיךָ:

אָבִינוּ מַלְכֵּנוּ שְׁלַח רְפוּאָה שְׁלֵמָה לְחוֹלֵי עַמֶּךָ:

אָבִינוּ מַלְכֵּנוּ קְרַע רוֹעַ גְּזַר דִּינֵנוּ:

אָבִינוּ מַלְכֵּנוּ זָכְרֵנוּ בְּזִכָּרוֹן טוֹב לְפָנֶיךָ:

אָבִינוּ מַלְכֵּנוּ כָּתְבֵנוּ בְּסֵפֶר חַיִּים טוֹבִים:

אָבִינוּ מַלְכֵּנוּ כָּתְבֵנוּ בְּסֵפֶר גְּאֻלָּה וִישׁוּעָה:

אָבִינוּ מַלְכֵּנוּ כָּתְבֵנוּ בְּסֵפֶר פַּרְנָסָה וְכַלְכָּלָה:

אָבִינוּ מַלְכֵּנוּ כָּתְבֵנוּ בְּסֵפֶר זְכֻיּוֹת:

אָבִינוּ מַלְכֵּנוּ כָּתְבֵנוּ בְּסֵפֶר סְלִיחָה וּמְחִילָה:

אָבִינוּ מַלְכֵּנוּ הַצְמַח לָנוּ יְשׁוּעָה בְּקָרוֹב:

אָבִינוּ מַלְכֵּנוּ הָרֵם קֶרֶן יִשְׂרָאֵל עַמֶּךָ:

אָבִינוּ מַלְכֵּנוּ הָרֵם קֶרֶן מְשִׁיחֶךָ:

אָבִינוּ מַלְכֵּנוּ מַלֵּא יָדֵינוּ מִבִּרְכוֹתֶיךָ:

אָבִינוּ מַלְכֵּנוּ מַלֵּא אֲסָמֵינוּ שָׂבָע:

אָבִינוּ מַלְכֵּנוּ שְׁמַע קוֹלֵנוּ חוּס וְרַחֵם עָלֵינוּ:

אָבִינוּ מַלְכֵּנוּ קַבֵּל בְּרַחֲמִים וּבְרָצוֹן אֶת תְּפִלָּתֵנוּ:

אָבִינוּ מַלְכֵּנוּ פְּתַח שַׁעֲרֵי שָׁמַיִם לִתְפִלָּתֵנוּ:

אָבִינוּ מַלְכֵּנוּ זָכוּר כִּי עָפָר אֲנָחְנוּ:

אָבִינוּ מַלְכֵּנוּ נָא אַל תְּשִׁיבֵנוּ רֵיקָם מִלְּפָנֶיךָ:

אָבִינוּ מַלְכֵּנוּ תְּהֵא הַשָּׁעָה הַזֹּאת שְׁעַת רַחֲמִים וְעֵת רָצוֹן מִלְּפָנֶיךָ:

אָבִינוּ מַלְכֵּנוּ חֲמוֹל עָלֵינוּ וְעַל עוֹלָלֵינוּ וְטַפֵּנוּ:

אָבִינוּ מַלְכֵּנוּ עֲשֵׂה לְמַעַן הֲרוּגִים עַל שֵׁם קָדְשֶׁךָ:

אָבִינוּ מַלְכֵּנוּ עֲשֵׂה לְמַעַן טְבוּחִים עַל יִחוּדֶךָ:

אָבִינוּ מַלְכֵּנוּ עֲשֵׂה לְמַעַן בָּאֵי בָאֵשׁ וּבַמַּיִם עַל קִדּוּשׁ שְׁמֶךָ:

אָבִֽינוּ מַלְכֵּֽנוּ נְקוֹם נִקְמַת דַּם עֲבָדֶֽיךָ הַשָּׁפוּךְ:

אָבִֽינוּ מַלְכֵּֽנוּ עֲשֵׂה לְמַעַנְךָ אִם לֹא לְמַעֲנֵֽנוּ:

אָבִֽינוּ מַלְכֵּֽנוּ עֲשֵׂה לְמַעַנְךָ וְהוֹשִׁיעֵֽנוּ:

אָבִֽינוּ מַלְכֵּֽנוּ עֲשֵׂה לְמַֽעַן רַחֲמֶֽיךָ הָרַבִּים:

אָבִֽינוּ מַלְכֵּֽנוּ עֲשֵׂה לְמַֽעַן שִׁמְךָ הַגָּדוֹל הַגִּבּוֹר וְהַנּוֹרָא, שֶׁנִּקְרָא עָלֵֽינוּ:

אָבִֽינוּ מַלְכֵּֽנוּ חָנֵּֽנוּ וַעֲנֵֽנוּ, כִּי אֵין בָּֽנוּ מַעֲשִׂים, עֲשֵׂה עִמָּֽנוּ צְדָקָה וָחֶֽסֶד וְהוֹשִׁיעֵֽנוּ:

סוגרין הארון

קדיש תתקבל - בסוף המחזור

עָלֵינוּ לְשַׁבֵּחַ לַאֲדוֹן הַכֹּל, לָתֵת גְּדֻלָּה לְיוֹצֵר בְּרֵאשִׁית, שֶׁלֹּא עָשָׂנוּ כְּגוֹיֵי הָאֲרָצוֹת, וְלֹא שָׂמָנוּ כְּמִשְׁפְּחוֹת הָאֲדָמָה, שֶׁלֹּא שָׂם חֶלְקֵנוּ כָּהֶם, וְגֹרָלֵנוּ כְּכָל הֲמוֹנָם, וַאֲנַחְנוּ כּוֹרְעִים וּמִשְׁתַּחֲוִים וּמוֹדִים, לִפְנֵי מֶלֶךְ, מַלְכֵי הַמְּלָכִים, הַקָּדוֹשׁ בָּרוּךְ הוּא. שֶׁהוּא נוֹטֶה שָׁמַיִם וְיֹסֵד אָרֶץ, וּמוֹשַׁב יְקָרוֹ בַּשָּׁמַיִם מִמַּעַל, וּשְׁכִינַת עֻזּוֹ בְּגָבְהֵי מְרוֹמִים, הוּא אֱלֹהֵינוּ אֵין עוֹד. אֱמֶת מַלְכֵּנוּ אֶפֶס זוּלָתוֹ, כַּכָּתוּב בְּתוֹרָתוֹ,

וְיָדַעְתָּ הַיּוֹם וַהֲשֵׁבֹתָ אֶל לְבָבֶךָ, כִּי יְיָ הוּא הָאֱלֹהִים בַּשָּׁמַיִם מִמַּעַל, וְעַל הָאָרֶץ מִתָּחַת, אֵין עוֹד:

עַל כֵּן נְקַוֶּה לְךָ יְיָ אֱלֹהֵינוּ, לִרְאוֹת מְהֵרָה בְּתִפְאֶרֶת עֻזֶּךָ, לְהַעֲבִיר גִּלּוּלִים מִן הָאָרֶץ וְהָאֱלִילִים כָּרוֹת יִכָּרֵתוּן. לְתַקֵּן עוֹלָם בְּמַלְכוּת שַׁדַּי, וְכָל בְּנֵי בָשָׂר יִקְרְאוּ בִשְׁמֶךָ. לְהַפְנוֹת אֵלֶיךָ כָּל רִשְׁעֵי אָרֶץ. יַכִּירוּ וְיֵדְעוּ כָּל יוֹשְׁבֵי תֵבֵל, כִּי לְךָ תִּכְרַע כָּל בֶּרֶךְ, תִּשָּׁבַע כָּל לָשׁוֹן: לְפָנֶיךָ יְיָ אֱלֹהֵינוּ יִכְרְעוּ וְיִפֹּלוּ. וְלִכְבוֹד שִׁמְךָ יְקָר

יִתֵּנוּ. וִיקַבְּלוּ כֻלָּם אֶת עוֹל מַלְכוּתֶךָ. וְתִמְלוֹךְ עֲלֵיהֶם מְהֵרָה לְעוֹלָם וָעֶד. כִּי הַמַּלְכוּת שֶׁלְּךָ הִיא, וּלְעוֹלְמֵי עַד תִּמְלוֹךְ בְּכָבוֹד: כַּכָּתוּב בְּתוֹרָתֶךָ, יְיָ יִמְלֹךְ לְעוֹלָם וָעֶד: וְנֶאֱמַר, וְהָיָה יְיָ לְמֶלֶךְ עַל כָּל הָאָרֶץ, בַּיּוֹם הַהוּא יִהְיֶה יְיָ אֶחָד, וּשְׁמוֹ אֶחָד:

אַל תִּירָא מִפַּחַד פִּתְאֹם, וּמִשֹּׁאַת רְשָׁעִים כִּי תָבֹא: עֻצוּ עֵצָה וְתֻפָר, דַּבְּרוּ דָבָר וְלֹא יָקוּם, כִּי עִמָּנוּ אֵל: וְעַד זִקְנָה אֲנִי הוּא, וְעַד שֵׂיבָה אֲנִי אֶסְבֹּל, אֲנִי עָשִׂיתִי וַאֲנִי אֶשָּׂא, וַאֲנִי אֶסְבֹּל וַאֲמַלֵּט:

קדיש יתום בסוף המחזור

סדר תשליך

יהוה יהוה אל רחום

א מִי אֵל כָּמוֹךָ ב נֹשֵׂא עָוֹן ג וְעֹבֵר

וחנון ארך

עַל פֶּשַׁע ד לִשְׁאֵרִית נַחֲלָתוֹ ה לֹא

אפים ורב חסד

הֶחֱזִיק לָעַד אַפּוֹ ו כִּי חָפֵץ חֶסֶד

ואמת נצר

הוּא: ז יָשׁוּב יְרַחֲמֵנוּ ח יִכְבֹּשׁ

חסד לאלפים

עֲוֹנֹתֵינוּ ט וְתַשְׁלִיךְ בִּמְצֻלוֹת יָם

כָּל חַטֹּאתָם:

(וְכָל חַטֹּאת עַמְּךָ בֵּית יִשְׂרָאֵל תַּשְׁלִיךְ

בִּמְקוֹם אֲשֶׁר לֹא יִזָּכְרוּ וְלֹא יִפָּקְדוּ וְלֹא
יַעֲלוּ עַל לֵב לְעוֹלָם.)

נשא עון

י תִּתֵּן אֱמֶת לְיַעֲקֹב יא חֶסֶד

ופשע וחטאה

לְאַבְרָהָם יב אֲשֶׁר נִשְׁבַּעְתָּ

ונקה

לַאֲבֹתֵינוּ יג מִימֵי קֶדֶם: ג״פ

יהוה ארך

א מִן הַמֵּצַר קָרָאתִי יָּהּ ב עָנָנִי

אפים ורב חסד נשא עון

בַמֶּרְחָב יָהּ: ג יְהֹוָה לִי ד לֹא אִירָא

ופשע ונקה

ה מַה יַּעֲשֶׂה לִי אָדָם: ו יְהֹוָה לִי

לא ינקה

בְּעֹזְרָי ז וַאֲנִי אֶרְאֶה בְשֹׂנְאָי:

פקד עון אבות על בנים

ח טוֹב לַחֲסוֹת בַּיהֹוָה מִבְּטֹחַ

על שלשים

בָּאָדָם: ט טוֹב לַחֲסוֹת בַּיהֹוָה

ועל רבעים

מִבְּטֹחַ בִּנְדִיבִים:

רַנְּנוּ צַדִּיקִים בַּייָ לַיְשָׁרִים נָאוָה תְהִלָּה: הוֹדוּ לַייָ בְּכִנּוֹר בְּנֵבֶל עָשׂוֹר זַמְּרוּ לוֹ: שִׁירוּ לוֹ שִׁיר חָדָשׁ הֵיטִיבוּ נַגֵּן בִּתְרוּעָה: כִּי יָשָׁר דְּבַר יְיָ וְכָל מַעֲשֵׂהוּ בֶּאֱמוּנָה: אֹהֵב צְדָקָה וּמִשְׁפָּט חֶסֶד יְיָ מָלְאָה הָאָרֶץ: בִּדְבַר יְיָ שָׁמַיִם נַעֲשׂוּ וּבְרוּחַ פִּיו כָּל צְבָאָם: כֹּנֵס כַּנֵּד מֵי הַיָּם נֹתֵן בְּאוֹצָרוֹת

תְּהוֹמוֹת: יִירְאוּ מֵיְיָ כָּל הָאָרֶץ מִמֶּנּוּ
יָגוּרוּ כָּל יֹשְׁבֵי תֵבֵל: כִּי הוּא אָמַר
וַיֶּהִי הוּא צִוָּה וַיַּעֲמֹד: יְיָ הֵפִיר עֲצַת
גּוֹיִם הֵנִיא מַחְשְׁבוֹת עַמִּים: עֲצַת יְיָ
לְעוֹלָם תַּעֲמֹד מַחְשְׁבוֹת לִבּוֹ לְדֹר
וָדֹר: אַשְׁרֵי הַגּוֹי אֲשֶׁר יְיָ אֱלֹהָיו הָעָם
בָּחַר לְנַחֲלָה לוֹ: מִשָּׁמַיִם הִבִּיט
יְיָ רָאָה אֶת כָּל בְּנֵי הָאָדָם: מִמְּכוֹן
שִׁבְתּוֹ הִשְׁגִּיחַ אֶל כָּל יֹשְׁבֵי הָאָרֶץ:
הַיֹּצֵר יַחַד לִבָּם הַמֵּבִין אֶל כָּל
מַעֲשֵׂיהֶם: אֵין הַמֶּלֶךְ נוֹשָׁע בְּרָב חָיִל
גִּבּוֹר לֹא יִנָּצֵל בְּרָב כֹּחַ: שֶׁקֶר הַסּוּס
לִתְשׁוּעָה וּבְרֹב חֵילוֹ לֹא יְמַלֵּט: הִנֵּה
עֵין יְיָ אֶל יְרֵאָיו לַמְיַחֲלִים לְחַסְדּוֹ:

לְהַצִּיל מִמָּוֶת נַפְשָׁם וּלְחַיּוֹתָם
בָּרָעָב: נַפְשֵׁנוּ חִכְּתָה לַייָ עֶזְרֵנוּ
וּמָגִנֵּנוּ הוּא: כִּי בוֹ יִשְׂמַח לִבֵּנוּ כִּי
בְשֵׁם קָדְשׁוֹ בָטָחְנוּ: יְהִי חַסְדְּךָ יְיָ
עָלֵינוּ כַּאֲשֶׁר יִחַלְנוּ לָךְ:

לֹא יָרֵעוּ וְלֹא יַשְׁחִיתוּ בְּכָל הַר
קָדְשִׁי כִּי מָלְאָה הָאָרֶץ דֵּעָה אֶת יְיָ
כַּמַּיִם לַיָּם מְכַסִּים:

שִׁיר הַמַּעֲלוֹת, מִמַּעֲמַקִּים קְרָאתִיךָ יְיָ.
אֲדֹנָי שִׁמְעָה בְקוֹלִי, תִּהְיֶינָה אָזְנֶיךָ
קַשֻּׁבוֹת, לְקוֹל תַּחֲנוּנָי. אִם עֲוֹנוֹת
תִּשְׁמָר יָהּ, אֲדֹנָי מִי יַעֲמֹד. כִּי עִמְּךָ
הַסְּלִיחָה, לְמַעַן תִּוָּרֵא. קִוִּיתִי יְיָ קִוְּתָה

נַפְשִׁי, וְלִדְבָרוֹ הוֹחָלְתִּי. נַפְשִׁי לַאדֹנָי, מִשֹּׁמְרִים לַבֹּקֶר, שֹׁמְרִים לַבֹּקֶר. יַחֵל יִשְׂרָאֵל אֶל יְיָ, כִּי עִם יְיָ הַחֶסֶד, וְהַרְבֵּה עִמּוֹ פְדוּת. וְהוּא יִפְדֶּה אֶת יִשְׂרָאֵל, מִכֹּל עֲוֹנוֹתָיו.

ד״פ: לְעוֹלָם יְיָ דְּבָרְךָ נִצָּב בַּשָּׁמָיִם:

יְהִי רָצוֹן מִלְּפָנֶיךָ שֶׁעַל יְדֵי הֶאָרַת תִּיקוּנִים עַתִּיקָא קַדִּישָׁא דְעַתִּיקִין בִּזְעֵיר שֶׁבְּאָרִיךְ יִכְבְּשׁוּ רַחֲמֶיךָ אֶת כַּעַסְךָ וְיָגוֹלוּ רַחֲמֶיךָ עַל מִדּוֹתֶיךָ וְתִתְנַהֵג עִמָּנוּ בְּמִדַּת הָרַחֲמִים. וְתִתֶּן לָנוּ חַיִּים אֲרוּכִים וְטוֹבִים בְּעִסְקֵי תוֹרָתֶךָ וְקִיּוּם מִצְוֹתֶיךָ לַעֲשׂוֹת רְצוֹנֶךָ. אָמֵן. כֵּן יְהִי רָצוֹן:

תפלה על הפרנסה

לְדָוִד מִזְמוֹר, לַיְיָ הָאָרֶץ וּמְלוֹאָהּ, תֵּבֵל וְיֹשְׁבֵי בָהּ: כִּי הוּא עַל יַמִּים יְסָדָהּ, וְעַל נְהָרוֹת יְכוֹנְנֶהָ: מִי יַעֲלֶה בְהַר יְיָ, וּמִי יָקוּם בִּמְקוֹם קָדְשׁוֹ: נְקִי כַפַּיִם וּבַר לֵבָב, אֲשֶׁר לֹא נָשָׂא לַשָּׁוְא נַפְשִׁי, וְלֹא נִשְׁבַּע לְמִרְמָה: יִשָּׂא בְרָכָה מֵאֵת יְיָ, וּצְדָקָה מֵאֱלֹהֵי יִשְׁעוֹ: זֶה דּוֹר דּוֹרְשָׁיו, מְבַקְשֵׁי פָנֶיךָ יַעֲקֹב סֶלָה: שְׂאוּ שְׁעָרִים רָאשֵׁיכֶם, וְהִנָּשְׂאוּ פִּתְחֵי עוֹלָם, וְיָבוֹא מֶלֶךְ הַכָּבוֹד: מִי זֶה מֶלֶךְ הַכָּבוֹד, יְיָ עִזּוּז וְגִבּוֹר יְיָ גִּבּוֹר מִלְחָמָה: שְׂאוּ שְׁעָרִים רָאשֵׁיכֶם, וּשְׂאוּ פִּתְחֵי עוֹלָם, וְיָבוֹא מֶלֶךְ הַכָּבוֹד: מִי הוּא זֶה מֶלֶךְ הַכָּבוֹד, יְיָ צְבָאוֹת, הוּא מֶלֶךְ הַכָּבוֹד סֶלָה:

יְהִי רָצוֹן מִלְּפָנֶיךָ יְיָ אֱלֹהֵינוּ וֵאלֹהֵי אֲבוֹתֵינוּ הָאֵל הַגָּדוֹל הַגִּבּוֹר וְהַנּוֹרָא שֶׁתִּתְמַלֵּא רַחֲמִים עָלֵינוּ, לְמַעַנְךָ וּלְמַעַן קְדוּשַּׁת הַמִּזְמוֹר הַזֶּה

וְהַשֵּׁמוֹת הַקְּדוֹשִׁים הַנִּזְכָּרִים בּוֹ, וּקְדוּשַּׁת פְּסוּקָיו וְתֵיבוֹתָיו וְאוֹתִיּוֹתָיו וְטַעֲמָיו וּרְמָזָיו וְסוֹדוֹתָיו, וּקְדוּשַּׁת הַשֵּׁם הַקָּדוֹשׁ הַיּוֹצֵא מִפָּסוּק וַהֲרִיקוֹתִי לָכֶם בְּרָכָה עַד בְּלִי דָי וּמִפָּסוּק נְסָה עָלֵינוּ אוֹר פָּנֶיךָ יְיָ, וְכָתְבֵנוּ בְּסֵפֶר פַּרְנָסָה טוֹבָה וְכַלְכָּלָה שָׁנָה זוֹ וְכָל שָׁנָה וְשָׁנָה, לָנוּ וּלְכָל בְּנֵי בֵיתֵינוּ כָּל יְמֵי חַיֵּינוּ, בְּמִלּוּי וּבְרֶוַח בְּהֶתֵּר וְלֹא בְאִיסּוּר בְּנַחַת וְלֹא בְצַעַר בְּשַׁלְוָה וְהַשְׁקֵט וָבֶטַח בְּלִי שׁוּם עַיִן הָרָע, וּתְזַכֵּנוּ לַעֲסוֹק בַּעֲבוֹדַת הַקּוֹדֶשׁ בְּלִי שׁוּם טִרְדָה, וּתְפַרְנְסֵנוּ פַּרְנָסָה שֶׁלֹּא יִהְיֶה בָּהּ בּוּשָׁה וּכְלִמָּה, וְלֹא נִצְטָרֵךְ לְמַתְּנַת בָּשָׂר וָדָם כִּי אִם מִיָּדְךָ הַמְּלֵאָה וְהָרְחָבָה. וְתַצְלִיחֵנוּ וְתַרְוִיחֵנוּ בְּכָל לִמּוּדֵנוּ וּבְכָל מַעֲשֵׂה יָדֵינוּ וַעֲסָקֵנוּ, וְיִהְיוּ בָתֵּנוּ מָלֵא בִּרְכַּת יְיָ וְנִשְׂבַּע לֶחֶם וְנִהְיֶה טוֹבִים. רַחוּם חַנּוּן שׁוֹמֵר תּוֹמֵךְ וּמַצִּיל יָשָׁר פּוֹדֶה רַחֵם עָלֵינוּ וּשְׁמַע תְּפִלָּתֵנוּ כִּי אַתָּה שׁוֹמֵעַ תְּפִלַּת

כָּל פֶּה. בָּרוּךְ שׁוֹמֵעַ תְּפִלָּה: יִהְיוּ לְרָצוֹן אִמְרֵי פִי וְהֶגְיוֹן לִבִּי לְפָנֶיךָ יְיָ צוּרִי וְגוֹאֲלִי:

תחינות ובקשות

אֵל מָלֵא רַחֲמִים, גָּלוּי וְיָדוּעַ לְפָנֶיךָ כִּי בּוֹשְׁנוּ בְּמַעֲשֵׂינוּ וְנִכְלַמְנוּ בַּעֲוֹנֵינוּ בְּהַעֲלוֹתֵנוּ עַל לְבָבֵנוּ רוֹב קִצּוּרֵנוּ בַּעֲבוֹדָתֶךָ, וּבְעֵסֶק תּוֹרָתֶךָ, וְקִיּוּם מִצְוֹתֶיךָ, וְנָמֵס לִבֵּנוּ בְּקִרְבֵּנוּ וְהָיָה לְמָיִם. מַה נַּעֲנֶה וּמַה נֹּאמַר, כִּי הַצַּר הַצּוֹרֵר בְּחֶבְרַת הַחוֹמֶר הֶעָכוּר הָיוּ בְעוֹכְרֵינוּ. גַּם אִסּוּר נִלְוָה עִמָּם, אֲסוּרִים וּלְטוּשִׁים, גָּלוּת הַנֶּפֶשׁ וְהַגּוּף. אָמְנָם גָּלוּי וְיָדוּעַ לְפָנֶיךָ שֶׁרְצוֹנֵנוּ לַעֲשׂוֹת רְצוֹנְךָ וְלִשְׁקוֹד עַל דַּלְתוֹתֶיךָ, כִּי טוֹב יוֹם בַּחֲצֵרֶיךָ מֵאֶלֶף בָּחָרְנוּ. וִירֵאִים וַחֲרֵדִים אֲנַחְנוּ מֵאֵימַת דִּינְךָ הַקָּדוֹשׁ, עַל כֵּן בָּאנוּ אֵלֶיךָ בִּכְפִיפַת רֹאשׁ, וּנְמִיכַת קוֹמָה, וַחֲלִישׁוּת חַיִל, לְהַזְכִּיר וּלְעוֹרֵר רַחֲמֶיךָ וּלְהַזְכִּיר זְכוּת אֲבוֹתֵינוּ הַקְּדוֹשִׁים, וּבִזְכוּתָם תִּתְמַלֵּא רַחֲמִים עָלֵינוּ.

וִיהִי רָצוֹן מִלְּפָנֶיךָ יְיָ אֱלֹהַי וֵאלֹהֵי אֲבוֹתַי, אֵל עֶלְיוֹן מוּכְתָּר בִּתְלֵיסַר מְכִילִין דְּרַחֲמֵי, שֶׁתְּהֵא שָׁעָה זוּ עֵת רָצוֹן לְפָנֶיךָ, וְיִהְיֶה עוֹלֶה לְפָנֶיךָ קְרִיאַת שְׁלֹשׁ עֶשְׂרֵה מִדּוֹת שֶׁל רַחֲמִים שֶׁבִּפְסוּקִים, מִי אֵל כָּמוֹךָ (וגו׳), הַמְכֻוָּנִים אֶל שְׁלֹשׁ עֶשְׂרֵה מִדּוֹת, אֵל רַחוּם וְחַנּוּן (וגו׳), אֲשֶׁר קָרִינוּ לְפָנֶיךָ, כְּאִלּוּ הִשַּׂגְנוּ כָּל הַסּוֹדוֹת וְצֵרוּפֵי שֵׁמוֹת הַקְּדוֹשִׁים הַיּוֹצְאִים מֵהֶם, וְזִוּוּגֵי מִדּוֹתֵיהֶם אֲשֶׁר אֶחָד בְּאֶחָד יִגָּשׁוּ, לְהַמְתִּיק הַדִּינִים תַּקִּיפִים וּכְבֵן, וְתַשְׁלִיךְ בִּמְצוּלוֹת יָם כָּל חַטֹּאתֵינוּ. וְאַתָּה בְּטוּבְךָ תְּעוֹרֵר רַחֲמֶיךָ וְנִהְיֶה נְקִיִּים מִכָּל טֻמְאָה וְחֶלְאָה וְזוּהֲמָא, וְיַעֲלוּ כָּל נִיצוֹצוֹת הַקְּדוֹשָׁה אֲשֶׁר נִתְפַּזְּרוּ וְיִתְבָּרְרוּ וְיִתְלַבְּנוּ בְּמִדַּת טוּבְךָ, אַתָּה אֵל יְשׁוּעָתֵנוּ נֹצֵר חֶסֶד לָאֲלָפִים. וּבְרוֹב רַחֲמֶיךָ תִּתֵּן לָנוּ חַיִּים אֲרוּכִים, חַיִּים שֶׁל שָׁלוֹם, חַיִּים שֶׁל טוֹבָה, חַיִּים שֶׁל בְּרָכָה, חַיִּים שֶׁל פַּרְנָסָה

טוֹבָה, חַיִּים שֶׁל חִלּוּץ עֲצָמוֹת, חַיִּים שֶׁיֵּשׁ בָּהֶם יִרְאַת חֵטְא, חַיִּים שֶׁאֵין בָּהֶם בּוּשָׁה וּכְלִמָּה, חַיִּים שֶׁל עֹשֶׁר וְכָבוֹד, חַיִּים שֶׁתְּהֵא בָנוּ אַהֲבַת תּוֹרָה וְיִרְאַת חֵטְא, חַיִּים שֶׁתְּמַלֵּא כָּל מִשְׁאֲלוֹת לִבֵּנוּ לְטוֹבָה. זָכְרֵנוּ לְחַיִּים, מֶלֶךְ חָפֵץ בַּחַיִּים, כָּתְבֵנוּ בְּסֵפֶר הַחַיִּים, לְמַעַנְךָ אֱלֹהִים חַיִּים, וּקְרַע רֹעַ גְּזַר דִּינֵנוּ, וְיִקָּרְאוּ לְפָנֶיךָ זְכֻיּוֹתֵינוּ.

אֵל מָלֵא רַחֲמִים, יֶהֱמוּ נָא רַחֲמֶיךָ עָלֵינוּ לְקַבֵּל בְּרָצוֹן הַכְנָעָתֵנוּ וְהַרְהוּרֵי תְּשׁוּבָתֵנוּ הַמִּתְנוֹצְצִים בָּנוּ, וּתְקַיֵּם לָנוּ מַה שֶּׁהִבְטַחְתָּנוּ עַל יְדֵי עֲבָדֶיךָ חַכְמֵי יִשְׂרָאֵל, הַבָּא לִטַּהֵר מְסַיְּעִין אוֹתוֹ, וּבְשֶׁגַּם לִבֵּנוּ אָטוּם סָתוּם וְחָתוּם, וְלֹא אִתָּנוּ יוֹדֵעַ זוֹ הִיא שִׁיבָה זוֹ הִיא בִּיאָה, רַב לְהוֹשִׁיעַ, הָאֵר עֵינֵינוּ כַּאֲשֶׁר בְּגֹדֶל רַחֲמֶיךָ הִבְטַחְתָּנוּ. פִּתְחוּ לִי פֶּתַח כְּחוּדוֹ שֶׁל מַחַט, וַאֲנִי אֶפְתַּח לָכֶם פֶּתַח כְּפִתְחוֹ שֶׁל

אוּלָם. וּרְאֵה כִּי אָזְלַת יָד וְאֶפֶס עָצוּר וְעָזוּב וְאֵין חוֹנֵן וְאֵין מְרַחֵם זוּלָתֶךָ כִּי חֲנוּנֶיךָ הֵמָּה חֲנוּנִים וּמְרַחֲמֶיךָ הֵמָּה מְרֻחָמִים, כִּדְכְתִיב, וְחַנֹּתִי אֶת אֲשֶׁר אָחֹן, וְרִחַמְתִּי אֶת אֲשֶׁר אֲרַחֵם, וּבְכֵן לֵב טָהוֹר בְּרָא לָנוּ אֱלֹהֵינוּ, וְרוּחַ נָכוֹן חַדֵּשׁ בְּקִרְבֵּנוּ. וְרִשְׁפֵּי הִתְעוֹרְרוּת לִבֵּנוּ בְּאַהֲבָתֶךָ וְתוֹרָתֶךָ יַתְמִידוּ וְיִתְרַבּוּ בְּלִי הֶפְסֵק, עָזְרֵנוּ אֱלֹהֵי יִשְׁעֵנוּ עַל דְּבַר כְּבוֹד שְׁמֶךָ.

תָּחֵל שָׁנָה וּבִרְכוֹתֶיהָ, וְתַצִּילֵנוּ מִשְּׁבִי, וּמִבִּזָּה, וּמִכַּף כָּל אוֹיֵב וְאוֹרֵב וְשׁוֹלֵל וּבוֹזֵז, וְהָפֵר עֲצָתָם וּתְקַלְקֵל מַחֲשְׁבֹתָם, תִּפּוֹל עֲלֵיהֶם אֵימָתָה וָפַחַד, בִּגְדוֹל זְרוֹעֲךָ יִדְּמוּ כָּאָבֶן, וְתִתֵּן בְּלֵב הַשָּׂרִים לְהֵיטִיב אֵלֵינוּ וּלְרַחֵם עָלֵינוּ, אוֹיְבֵינוּ יִלְבְּשׁוּ בוֹשֶׁת, וְעָלֵינוּ תְּרַחֵם בְּרוֹב רַחֲמֶיךָ, וְתֹאמַר דַּי לְצָרוֹתֵינוּ. וְכָל הַרְפַּתְקֵי דְּעָדוּ עֲלֵינוּ יִהְיוּ לְכַפֵּר חַטֹּאתֵינוּ עֲוֹנוֹתֵינוּ וּפְשָׁעֵינוּ וְתֹאמַר דַּי לְצָרוֹתֵינוּ. וּכְשֵׁם שֶׁסָּבַבְתָּ עַל אֲבוֹתֵינוּ בַּמִּדְבָּר וְהִצַּלְתָּם מֵעֵינָא בִּישָׁא

דְבִלְעָם כֵּן בְּצֵל כְּנָפֶיךָ תַּסְתִּירֵנוּ וְנִהְיֶה מְכֻסִּים בְּמִכְסֶה וְהַנְהָגַת שְׁמוֹתֶיךָ הַקְּדוֹשִׁים, וְתִשְׁמְרֵם מִכָּל הֶפְסֵד וְכָל עֲלִילָה.

אָנָּא יְיָ הוֹשִׁיעֵנוּ בִּזְכוּת אַבְרָהָם אִישׁ הַחֶסֶד, יִצְחָק אָזוּר בִּגְבוּרָה, יַעֲקֹב כְּלִיל תִּפְאֶרֶת, משֶׁה רַעְיָא מְהֵימְנָא אָחוּז בְּנֵצַח, אַהֲרֹן אָחוּז בְּהוֹד, יוֹסֵף אָחוּז בִּיסוֹד, דָּוִד אָחוּז בְּמַלְכוּת, וּבִזְכוּתָם תַּצִּילֵנוּ מִיַּד אוֹיְבֵינוּ, וְתַהֲפוֹךְ לָכֶם מֵרָעָה לְטוֹבָה, וִיהְיֶה לָנוּ יִשּׁוּב וְהַשְׁקֵט וָבֶטַח לְעָבְדְךָ בֶּאֱמֶת, בְּלִי שׁוּם טִרְדָּה. וּתְזַכֵּנוּ לְהִתְרַחֵק מֵהַגַּאֲוָה וְהַכַּעַס וְהַקְפָּדָה וְכָל גֹּבַהּ לֵב. וְנִהְיֶה מְיֻשָּׁבִים בְּדַעְתֵּנוּ וְנַכִּיר מִעוּט עֶרְכֵּנוּ, וְנַפְשֵׁנוּ כֶּעָפָר לַכֹּל תִּהְיֶה וְלֹא נִתְכַּעֵס וְלֹא נַקְפִּיד, וְנִהְיֶה אוֹהֲבֵי שָׁלוֹם וּמַרְבִּים שָׁלוֹם. וּתְזַכֵּנוּ לְהִתְרַחֵק מִלֵּיצָנוּת, וְשֶׁקֶר וַחֲנוּפָה, וְלָשׁוֹן הָרָע, וְדִבּוּר שֶׁל חוֹל בְּשַׁבָּת, וְכָל דִּבּוּר אָסוּר, וְיִהְיֶה רוֹב דִּבּוּרֵנוּ בַּתּוֹרָה

וּבְעִנְיָנֵי עֲבוֹדָתֶךָ, וּתְאַזְּרֵנוּ חַיִל לִשְׁמוֹר לְפִינוּ מַחְסוֹם מֵחֲטוֹא בִּלְשׁוֹנֵנוּ.

אָב הָרַחֲמָן, תֵּן בָּנוּ כֹּחַ וּבְרִיאוּת, וְזַכֵּנוּ לְהִתְרַחֵק מִתַּאֲוַת תַּעֲנוּגֵי וְהַבְלֵי הָעוֹלָם הַזֶּה, וְנֹאכַל לְשֹׂבַע נַפְשֵׁנוּ, וְכֵן בְּכָל צָרְכֵּנוּ יִהְיוּ כָּל מַעֲשֵׂנוּ לְשֵׁם שָׁמַיִם. וּתְזַכֵּנוּ לִהְיוֹת שְׂמֵחִים בְּעֵסֶק תּוֹרָתֶךָ וּמִצְוֹתֶיךָ וְלִהְיוֹת בִּטְחוֹנֵנוּ בְּךָ תָּדִיר, וִיהְיֶה לָנוּ לֵב שָׂמֵחַ לַעֲבוֹדָתֶךָ. וּבְרוֹב רַחֲמֶיךָ תְּזַכֵּנוּ לְהַשְׁלִים תִּקּוּן נַפְשׁוֹתֵינוּ רוּחוֹתֵינוּ נִשְׁמוֹתֵינוּ וְלֹא נֹאבַד, חַס וְשָׁלוֹם.

וּתְזַכֵּנוּ לַעֲסוֹק בְּתוֹרָתֶךָ הַקְּדוֹשָׁה וּלְכַוֵּן לַאֲמִתָּהּ שֶׁל תּוֹרָה, וְתַצִּילֵנוּ מִכָּל טָעוּת בַּהֲלָכָה וּבְהוֹרָאָה וְאַל תַּצֵּל מִפִּינוּ דְּבַר אֱמֶת לְעוֹלָם. וְנִהְיֶה אֲנַחְנוּ, וְצֶאֱצָאֵינוּ, וְצֶאֱצָאֵי צֶאֱצָאֵינוּ, כֻּלָּנוּ יוֹדְעֵי שְׁמֶךָ, וְלוֹמְדֵי תוֹרָתֶךָ לִשְׁמָהּ, וּמְקַיְּמֵי מִצְוֹתֶיךָ, וְלֹא יִמָּצֵא בָּנוּ, וְלֹא בְּזַרְעֵנוּ וְזֶרַע זַרְעֵנוּ, שׁוּם פְּגַם וְשׁוּם פְּסוּל, וְלֹא יִתְחַלֵּל שִׁמְךָ עַל יָדֵינוּ, חַס וְשָׁלוֹם.

וּרְאֵה כִּי עַמְּךָ הַגּוֹי הַגָּדוֹל הַזֶּה, זֶרַע אֹהֲבֶיךָ, אַבְרָהָם, יִצְחָק, וְיִשְׂרָאֵל עֲבָדֶיךָ, בָּנֶיךָ בְּנֵי בְחוּנֶיךָ, וְזֶה כַּמָּה מֵאוֹת שָׁנִים בְּלַחֲצָם וְדָחְקָם, קוֹרְאִים בִּשְׁמֶךָ, וּמַאֲמִינִים בְּךָ וּבְתוֹרָתֶךָ, וְכַמָּה אֲלָפִים וּרְבָבוֹת מָסְרוּ עַצְמָן עַל קְדוּשָּׁתֶךָ, וְהֵם מְלֵאִים מִצְוֹת וּצְדָקוֹת וְתוֹרָה וּגְמִילוּת חֲסָדִים, נָא גִבּוֹר, דּוֹרְשֵׁי יִחוּדְךָ כְּבָבַת שָׁמְרֵם.

אָנָּא, מֶלֶךְ רַחוּם וְחַנּוּן, הִתְמַלֵּא רַחֲמִים עַל כָּל אַחֵינוּ בְּנֵי יִשְׂרָאֵל הַנְּפוּצִים בְּאַרְבַּע כַּנְפוֹת הָאָרֶץ, וּבִפְרַט עַל יוֹשְׁבֵי אֶרֶץ יִשְׂרָאֵל, וְעַל יֹשְׁבֵי הָעִיר הַזֹּאת, וְעַל כָּל הַקָּהָל הַקָּדוֹשׁ הַזֶּה, וּתְרַחֵם עָלֵינוּ וַעֲלֵיהֶם, וְתַצִּילֵנוּ וְתַצִּילֵם מֵרָעָה, מֵרָעָב, וּמִשְּׁבִי, וּמִבִּזָּה, וּמִכָּל חֵטְא. וְתִשְׁלַח רְפוּאָה שְׁלֵמָה לְכָל חוֹלֵי עַמְּךָ יִשְׂרָאֵל, אֵל נָא רְפָא נָא לָהֶם, וּתְקַיֵּם בְּכָל אֶחָד מֵהֶם מִקְרָא שֶׁכָּתוּב, יְיָ יִסְעָדֶנּוּ עַל עֶרֶשׂ דְּוָי, כָּל מִשְׁכָּבוֹ הָפַכְתָּ בְחָלְיוֹ, וְהַבְּרִיאִים

מְדוֹרְשֶׁיךָ, תַּתְמִיד בְּרִיאוּתָם שֶׁלֹּא יֶחֱלוּ, חַס וְשָׁלוֹם, וְתַצִּילֵנוּ וְתַצִּיל לְכָל יִשְׂרָאֵל מִכָּל נֶזֶק, וּמִכָּל צַר, וּמַשְׂטִין, וּמְקַטְרֵג, וּמֵרוּחַ רָעָה, וּמִדִּקְדּוּקֵי עֲנִיּוּת, וּמִכָּל מִינֵי פֻּרְעָנִיּוֹת הַמִּתְרַגְּשׁוֹת בָּעוֹלָם. וְתִפְקוֹד בְּזֶרַע שֶׁל קַיָּמָא, זֶרַע קוֹדֶשׁ, לְכָל חֲשׂוּכֵי בָנִים, וְהַיּוֹשְׁבוֹת עַל הַמַּשְׁבֵּר, תּוֹצִיאֵם מֵאֲפֵלָה לְאוֹרָה, וְיֵצֵא הַוָּלָד בְּשָׁעָה טוֹבָה, וְלֹא יֶאֱרַע שׁוּם צַעַר וָנֶזֶק, לֹא לַיּוֹלְדוֹת וְלֹא לְיַלְדֵיהֶן, וְאַל יִמְשׁוֹל אַסְכָּרָה וְשֵׁדִין בְּכָל יַלְדֵי עַמְּךָ יִשְׂרָאֵל, וּתְגַדְּלֵם לְתוֹרָתֶךָ וּמִצְוֹתֶיךָ בְּחַיֵּי אֲבִיהֶם וְאִמָּם.

וּבְנֵי יִשְׂרָאֵל עַמְּךָ יוֹרְדֵי הַיָּם בָּאֳנִיּוֹת, פְּצֵם וְהַצִּילֵם מִמַּיִם רַבִּים, מִיַּד בְּנֵי נֵכָר, הַצִּילֵם מִטִּיט וְאַל יִטְבְּעוּ יִנָּצְלוּ מִשּׂוֹנְאִים וּמִשְּׁאוֹנִים וּמִמַּעֲמַקֵּי מָיִם. וּבְנֵי יִשְׂרָאֵל הַהוֹלְכִים בַּיַּבָּשָׁה, הַדְרִיכֵם בְּדֶרֶךְ יְשָׁרָה, לָלֶכֶת אֶל עִיר מוֹשָׁב, וְהַצִּילֵם מִכַּף כָּל אוֹיֵב וְאוֹרֵב בַּדֶּרֶךְ. וְכָל הָאֲסוּרִים בַּכֶּלֶא בְּלֹא מִשְׁפָּט מֵעַמְּךָ

יִשְׂרָאֵל, הַתֵּר מֵאֲסָרֵיהֶם, וְתוֹצִיאֵם לִרְוָחָה, וּתְשִׂימֵם לְיִרְאָתֶךָ. וְתָחוֹן זְכוּת אָבוֹת לְהוֹצִיא לָאוֹר מִשְׁפָּטֵנוּ כָּתְבֵנוּ בְּסֵפֶר חַיִּים, לְמַעַנְךָ אֱלֹהִים חַיִּים, וְהָאֵר פָּנֶיךָ עַל מִקְדָּשְׁךָ הַשָּׁמֵם, לְמַעַן אֲדֹנָי, יָשָׁר, פּוֹדֶה, חוּס וְרַחֵם עָלֵינוּ, וּשְׁמַע תְּפִלָּתֵנוּ, כִּי רַחוּם אָתָּה.

אֱלֹהֵינוּ וֵאלֹהֵי אֲבוֹתֵינוּ, מֶלֶךְ רַחֲמָן רַחֵם עָלֵינוּ, טוֹב וּמֵטִיב הִדָּרֶשׁ לָנוּ, שׁוּבָה אֵלֵינוּ בַּהֲמוֹן רַחֲמֶיךָ, בִּגְלַל אָבוֹת שֶׁעָשׂוּ רְצוֹנֶךָ, בְּנֵה בֵיתְךָ כְּבַתְּחִלָּה, וְכוֹנֵן מִקְדָּשְׁךָ עַל מְכוֹנוֹ, וְהַרְאֵנוּ בְּבִנְיָנוֹ, וְשַׂמְּחֵנוּ בְּתִקּוּנוֹ, וְהָשֵׁב שְׁכִינָתְךָ לְתוֹכוֹ, וְהָשֵׁב כֹּהֲנִים לַעֲבוֹדָתָם וּלְוִיִּם לְדוּכָנָם, וְהָשֵׁב יִשְׂרָאֵל לִנְוֵיהֶם, וּמָלְאָה הָאָרֶץ דֵּעָה, לְיִרְאָה אֶת שִׁמְךָ הַגָּדוֹל הַגִּבּוֹר וְהַנּוֹרָא, אָמֵן.

כָּל כְּלִי יוּצַר עָלַיִךְ לֹא יִצְלָח, וְכָל לָשׁוֹן תָּקוּם אִתָּךְ לַמִּשְׁפָּט תַּרְשִׁיעִי, זֹאת נַחֲלַת עַבְדֵי יְיָ וְצִדְקָתָם מֵאִתִּי נְאֻם יְיָ:

קדיש תתקבל (שלם)

יִתְגַּדַּל וְיִתְקַדַּשׁ שְׁמֵהּ רַבָּא. בְּעָלְמָא דִּי בְרָא כִרְעוּתֵהּ, וְיַמְלִיךְ מַלְכוּתֵהּ, בְּחַיֵּיכוֹן וּבְיוֹמֵיכוֹן וּבְחַיֵּי דְכָל בֵּית יִשְׂרָאֵל. בַּעֲגָלָא וּבִזְמַן קָרִיב וְאִמְרוּ אָמֵן:

יְהֵא שְׁמֵהּ רַבָּא מְבָרַךְ לְעָלַם וּלְעָלְמֵי עָלְמַיָּא:

יִתְבָּרַךְ וְיִשְׁתַּבַּח, וְיִתְפָּאַר וְיִתְרוֹמַם וְיִתְנַשֵּׂא וְיִתְהַדָּר וְיִתְעַלֶּה וְיִתְהַלָּל שְׁמֵהּ דְּקֻדְשָׁא בְּרִיךְ הוּא. לְעֵלָּא וּלְעֵלָּא מִכָּל

בִּרְכָתָא וְשִׁירָתָא, תֻּשְׁבְּחָתָא וְנֶחֱמָתָא, דַּאֲמִירָן בְּעָלְמָא, וְאִמְרוּ אָמֵן:

תִּתְקַבֵּל צְלוֹתְהוֹן וּבָעוּתְהוֹן דְּכָל (בֵּית) יִשְׂרָאֵל קֳדָם אֲבוּהוֹן דִּי בִשְׁמַיָּא וְאִמְרוּ אָמֵן:

יְהֵא שְׁלָמָא רַבָּא מִן שְׁמַיָּא וְחַיִּים (טוֹבִים) עָלֵינוּ וְעַל כָּל יִשְׂרָאֵל, וְאִמְרוּ אָמֵן:

עֹשֶׂה (הַ)שָׁלוֹם בִּמְרוֹמָיו, הוּא יַעֲשֶׂה שָׁלוֹם עָלֵינוּ וְעַל כָּל יִשְׂרָאֵל, וְאִמְרוּ אָמֵן:

חצי קדיש

יִתְגַּדַּל וְיִתְקַדַּשׁ שְׁמֵהּ רַבָּא. בְּעָלְמָא דִּי בְרָא כִרְעוּתֵהּ, וְיַמְלִיךְ מַלְכוּתֵהּ, בְּחַיֵּיכוֹן וּבְיוֹמֵיכוֹן וּבְחַיֵּי דְכָל בֵּית יִשְׂרָאֵל. בַּעֲגָלָא וּבִזְמַן קָרִיב וְאִמְרוּ אָמֵן:

יְהֵא שְׁמֵהּ רַבָּא מְבָרַךְ לְעָלַם וּלְעָלְמֵי עָלְמַיָּא:

יִתְבָּרַךְ וְיִשְׁתַּבַּח, וְיִתְפָּאַר וְיִתְרוֹמַם וְיִתְנַשֵּׂא וְיִתְהַדָּר וְיִתְעַלֶּה וְיִתְהַלָּל שְׁמֵהּ דְּקֻדְשָׁא בְּרִיךְ הוּא לְעֵלָּא וּלְעֵלָּא מִכָּל בִּרְכָתָא וְשִׁירָתָא, תֻּשְׁבְּחָתָא וְנֶחֱמָתָא, דַּאֲמִירָן בְּעָלְמָא, וְאִמְרוּ אָמֵן:

קדיש יתום

יִתְגַּדַּל וְיִתְקַדַּשׁ שְׁמֵהּ רַבָּא.
בְּעָלְמָא דִּי בְרָא כִרְעוּתֵהּ,
וְיַמְלִיךְ מַלְכוּתֵהּ, בְּחַיֵּיכוֹן
וּבְיוֹמֵיכוֹן וּבְחַיֵּי דְכָל בֵּית
יִשְׂרָאֵל. בַּעֲגָלָא וּבִזְמַן קָרִיב
וְאִמְרוּ אָמֵן:

יְהֵא שְׁמֵהּ רַבָּא מְבָרַךְ לְעָלַם
וּלְעָלְמֵי עָלְמַיָּא:

יִתְבָּרַךְ וְיִשְׁתַּבַּח, וְיִתְפָּאַר
וְיִתְרוֹמַם וְיִתְנַשֵּׂא וְיִתְהַדָּר
וְיִתְעַלֶּה וְיִתְהַלָּל שְׁמֵהּ דְּקֻדְשָׁא

בְּרִיךְ הוּא לְעֵלָּא וּלְעֵלָּא מִכָּל בִּרְכָתָא וְשִׁירָתָא, תֻּשְׁבְּחָתָא וְנֶחֱמָתָא, דַּאֲמִירָן בְּעָלְמָא, וְאִמְרוּ אָמֵן:

יְהֵא שְׁלָמָא רַבָּא מִן שְׁמַיָּא וְחַיִּים (טוֹבִים) עָלֵינוּ וְעַל כָּל יִשְׂרָאֵל, וְאִמְרוּ אָמֵן:

עֹשֶׂה (הַ)שָּׁלוֹם בִּמְרוֹמָיו הוּא יַעֲשֶׂה שָׁלוֹם עָלֵינוּ וְעַל כָּל יִשְׂרָאֵל, וְאִמְרוּ אָמֵן:

קדיש דרבנן

יִתְגַּדַּל וְיִתְקַדַּשׁ שְׁמֵהּ רַבָּא. בְּעָלְמָא דִּי בְרָא כִרְעוּתֵהּ, וְיַמְלִיךְ מַלְכוּתֵהּ, בְּחַיֵּיכוֹן וּבְיוֹמֵיכוֹן וּבְחַיֵּי דְכָל בֵּית יִשְׂרָאֵל. בַּעֲגָלָא וּבִזְמַן קָרִיב וְאִמְרוּ אָמֵן:

יְהֵא שְׁמֵהּ רַבָּא מְבָרַךְ לְעָלַם וּלְעָלְמֵי עָלְמַיָּא:

יִתְבָּרַךְ וְיִשְׁתַּבַּח וְיִתְפָּאַר וְיִתְרוֹמַם וְיִתְנַשֵּׂא וְיִתְהַדָּר וְיִתְעַלֶּה וְיִתְהַלָּל שְׁמֵהּ דְּקֻדְשָׁא בְּרִיךְ הוּא לְעֵלָּא וּלְעֵלָּא מִכָּל בִּרְכָתָא וְשִׁירָתָא

תֻּשְׁבְּחָתָא וְנֶחֱמָתָא, דַּאֲמִירָן בְּעָלְמָא, וְאִמְרוּ אָמֵן:

עַל יִשְׂרָאֵל וְעַל רַבָּנָן, וְעַל תַּלְמִידֵיהוֹן וְעַל כָּל תַּלְמִידֵי תַלְמִידֵיהוֹן, וְעַל כָּל מָאן דְּעָסְקִין בְּאוֹרַיְתָא, דִּי בְאַתְרָא הָדֵין וְדִי בְכָל אֲתַר וַאֲתַר. יְהֵא לְהוֹן וּלְכוֹן שְׁלָמָא רַבָּא, חִנָּא וְחִסְדָּא וְרַחֲמִין, וְחַיִּין אֲרִיכִין, וּמְזוֹנֵי רְוִיחֵי, וּפֻרְקָנָא, מִן קֳדָם אֲבוּהוֹן דִּי בִשְׁמַיָּא וְאַרְעָא וְאִמְרוּ אָמֵן.

יְהֵא שְׁלָמָא רַבָּא מִן שְׁמַיָּא, וְחַיִּים (טוֹבִים) עָלֵינוּ וְעַל כָּל יִשְׂרָאֵל וְאִמְרוּ אָמֵן.

עֹשֶׂה (הַ)שָּׁלוֹם בִּמְרוֹמָיו הוּא בְּרַחֲמָיו יַעֲשֶׂה שָׁלוֹם עָלֵינוּ וְעַל כָּל יִשְׂרָאֵל, וְאִמְרוּ אָמֵן.